Martin Suhr

Sartre zur Einführung

Mit einem Beitrag
von Rupert Neudeck

Edition SOAK
im Junius Verlag

Redaktion

Detlef Horster (Hannover)
Hans-Martin Lohmann (Heidelberg)
Alfred Paffenholz (Bremen)
Willem van Reijen (Utrecht)
Burghart Schmidt (Wien)
Frieder O. Wolf (Berlin-West)

SOAK-Einführungen 26
Junius Verlag GmbH
Von-Hutten-Straße 18, Postfach 50 07 45,
2000 Hamburg 50
Copyright 1987 by Junius Verlag
Alle Rechte vorbehalten
Einbandgestaltung: Johannes Hartmann, Hamburg
Satz: Junius Verlag, Hamburg
Druck: SOAK GmbH, Hannover
Printed in Germany
ISBN 3-88506-826-5
1. Auflage Januar 1987

CIP-Kurztitelaufnahme der Deutschen Bibliothek
Suhr, Martin:
Sartre zur Einführung/Martin Suhr. —
1. Aufl. — Hamburg: Junius Verlag, 1987.
(SOAK-Einführungen; 26)
ISBN 3-88506-826-5

NE: GT

Inhalt

Captatio benevolentiae

André Gorz über Jean-Paul Sartre

Es passierte im Juni 1946. Er, Morel*, war zu einer Vortrags-
reihe in die Schweiz gekommen; und die Schweiz erwartete
den »Papst des Existentialismus«, indem sie in ihren Gazetten
süßsaure Betrachtungen über die Verzweiflung des atheisti-
schen Existentialismus und den verderblichen Einfluß eines
Mannes, Morels, veröffentlichte, der sich im Nichts, in der
Scheiße und in der Unmoral einer »schrankenlosen Freiheit«
suhlte. Sie waren in den überfüllten Saal des Kapitol-Kinos
gekommen, um ihn um fünf Uhr nachmittags in Augenschein
zu nehmen, sie hatten dem französischen Denken und der
noch frischen Erinnerung an die Résistance applaudiert, und
am Abend hatten sie ihn in das Lokal »Aux Amis de l'Art«
(oder so ähnlich) eingeladen. Und da haben sie auch mich eingeladen, weil sie Morel zeigen wollten, daß es bei ihnen Leute
gab, die alle seine Schriften gelesen hatten. Ich vermute, daß
ich tatsächlich der einzige war, der alles von ihm gelesen hatte. Seit Ende 1943 hatte Morel alle vorhergehenden Gotthei-
ten entthront (Gide, Ruyer, Dostojewski, Valéry), ich hatte
Das Sein und das Nichts in mich eingesogen, ohne zunächst
viel davon zu verstehen, fasziniert von der Neuheit und Kom-
pliziertheit seines Denkens, hatte mich dann, durch die hart-
näckige Lektüre dieses dicken Objekts, damit infiziert, seine
Terminologie angenommen, es zur Würde einer Enzyklopädie
erhoben, die, da alles darin zur Sprache kam, auf alles eine
Antwort haben müßte, und bewegte mich schließlich in einem

* d. i. Sartre

7

Universum, dessen Grenzen *Das Sein und das Nichts* waren: jede erlebte oder beobachtete Wirklichkeit wurde sofort auf die Seite sowieso bezogen, wo eben davon die Rede war. Morel spielte die Rolle eines Demiurgen. Ich vermutete, daß er auf alles eine Antwort wußte, da er weitere Antworten ankündigte, und ich nahm es ihm übel, daß er den Rest seines Denkens für sich behalten hatte, vielleicht aus Mutwillen, um mich auf die Folter zu spannen, oder vielleicht weil es ihm schnuppe war; denn ich hatte den Eindruck, daß er über alles nachgedacht hatte, lange bevor er begonnen hatte, eine Zeile zu schreiben, weil von manchen Dingen, die er in *Das Sein und das Nichts* für ein späteres Werk aufsparte (die reine Reflexion, die »Eigentlichkeit«, die »Moral der Versöhnung und des Heils«), bereits im ersten Text, den er veröffentlichte, die Rede war: *Die Transzendenz des Ego* im Jahre 1936. Kurz, Morel war kein Mensch, sondern Gott. (Was für ein Glück, sage ich mir heute, daß ich vor ihm nicht Hegel begegnet bin! Der hätte meine Manie der Systematisierung aufs höchste gesteigert, und gewissenhaft wie ich war, hätte ich in Hegel auf alles eine Antwort gefunden und mich für Jahre in das delirierende Universum der *Logik* eingeschlossen mit geringen Aussichten, jemals wieder herauszufinden, da ich 1. drei Jahre gebraucht habe, bis ich aus dem Universum des Scheiterns herausfand, das ich aus dem Material von *Das Sein und das Nichts* erbaut hatte, 2. Hegel keiner war, dessen System man hätte in Frage stellen, ja nicht einmal in Zweifel ziehen können, und ich 3., wäre ich Hegel begegnet, mir nie hätte klar machen können, daß er ein Mensch und nicht Gott persönlich war.) Aber Morel war ein Mensch. Das war eine bestürzende Entdeckung gewesen. Er hat sich bei den »Amis de l'Art« eingefunden, klein, untersetzt, etwas verdrossen über all die hohen Tiere, die ihn umringten und ihm akademische Fragen über Heidegger und über Dinge stellten, die er in *Das Sein und das Nichts* zu wiederholten Malen erklärt hatte; er war der einzige, der nicht wie eine Mumie aussah, er gestikulierte, als wollte er einen Luftzug auslösen, um den geistigen Qualm zu vertreiben, wobei er die Asche seiner Zigarette auf die Weste des Professors fallen ließ und den Wein auf den Ärmel des Richters schüttete. Morel sah robust und merkwürdig *konkret* aus, er füllte die vier Ecken des Raumes mit seinen ausladenden Gesten (mit seiner Zigarette hob er den ganzen Arm bis zur Schulter hoch, so daß es gefährlich war, sich ihm zu nähern, wenn man nicht riskieren wollte, Ellbogenstöße zu bekommen), und nahm die Welt in Besitz, so als würde er sie durch sein unermüdliches Gestikulieren weben. Als er sich dann hinsetzte, habe ich mich auf den Stuhl neben ihn gestürzt und habe ihm dort zwei oder drei Stunden lang Fragen gestellt, ihn mit Beschlag belegt, mehr hingerissen von seiner glücklichen Vitalität (dem Leben, das er allem gab, was er sagte oder berührte, und das eine Art Evidenz und Wahrheit erhielt), von der *echten* Zigarette und dem *echten* Glas Wein in seinen Händen als von den vertrauten Themen. Die Evidenz von alledem, die einzig die Person Morels mitzuteilen vermochte, rührte daher, daß dieser Mann »das Leben liebte«, d.h. die Arbeit, die besiegten Widerstände, die Dinge und die Menschen, daß ihm vor abstrakten Ideen graute und daß die Philosophie für ihn einer Suche entsprechen mußte, d.h. einem individuellen Bedürfnis, sollte sie auch nur ein Körnchen Wahrheit enthalten; und daß es eben diese Suche war, bei der ein Mensch sich bemüht, einen Weg zu finden, die ihn interessierte, und nicht ob er geschickt dachte oder schrieb.

Bei Morel hat er* zum ersten Mal in seinem Leben den Wert der Großherzigkeit (oder die Großherzigkeit als Wert) wahrgenommen: eine Art, die Dinge und die Menschen zum Existieren zu bringen (»die Leidenschaft, die Menschen zu verstehen«, wie er später schrieb**), in der Haltung des anderen eine Freiheit zur Arbeit zu entdecken und diese Freiheit

* Gorz wechselt hier in die 3. Person, also er = ich
** im *Saint Genet*

9

zutage zu fördern (oder ihm dabei zu helfen), indem er sie entdeckte. »Jetzt erzählen Sie mir von sich«, ein typischer Satz, mit dem Morel ihn acht Tage später in einer Genfer Kneipe empfing, als er ihm für eine halbe Stunde seine Aufmerksamkeit schenkte und in ihm, trotz gegenseitigen Unverständnisses, die Erinnerung an den einzigen wirklichen Dialog seines Lebens hinterließ, weil alles, wäre die Zeit nicht zu kurz gewesen, hätte gesagt werden können und das leidenschaftlich verständnisvolle Interesse des Gesprächspartners seinen philosophischen Problemen und damit seiner Person zum ersten Mal volle Wirklichkeit verlieh.

»Immerhin«, hat Morel gesagt (und da haben sie aufgehört, einander zu verstehen), »Sie sind auf der Erde, betrifft Sie nicht, was geschieht? In der Schweiz können Sie so denken, wie Sie es tun, aber wenn Sie in Frankreich wären, hätten Sie doch wohl Partei ergreifen müssen?«

»Meinetwegen«, habe ich gesagt, »trotzdem ist jede Parteinahme nicht zu rechtfertigen, und man muß sich immer fragen, ›warum gerade ich, gerade hier, gerade das‹. Und wenn man sich das wirklich fragt, kann man nicht weitermachen.«

»Aber nichtsdestoweniger existieren Sie und ergreifen notwendig Partei, sogar in der Enthaltung.«

»Ich weiß«, habe ich gesagt, »aber das ist kein Argument: daß die Enthaltung nicht zu rechtfertigen ist, rechtfertigt nicht das Gegenteil.«

»Sie wollen doch sicher nicht ›die Abwesenheit des Entwurfs‹?«

»Nein. Aber da jede Wahl ungerechtfertigt ist, wie kann ich mich, da ich es weiß, daran halten?«

Morel hat nachgedacht: »Ich glaube, Sie verachten ein wenig das Konkrete.«

»Das stimmt«, habe ich gesagt.

Aus: André Gorz, Der Verräter. Suhrkamp Verlag, Frankfurt/M. 1979, S. 239-241

Einleitung

»Das ist das Langweilige bei diesen toten Autoren, daß sie nie etwas Neues bieten«, läßt Sartre im *Kean* die Gräfin von Gosswill sagen. Sartre selbst ist in dieser Hinsicht jedenfalls für eine Überraschung gut. Seit seinem Tode im Jahre 1981 sind sechs wichtige Bücher von ihm erschienen[1]. Diese Veröffentlichungen sind wie eine unvermutete Bestätigung einer Sartreschen Grundüberzeugung, die er im Hinblick auf seinen Film *Das Spiel ist aus* äußerte: »Der Existentialismus läßt keineswegs zu, daß das Spiel jemals aus ist. Noch nach unserm Tode setzen sich unsere Handlungen fort. Wir leben in ihnen weiter, selbst wenn sie sich oft ganz entgegengesetzt in Richtungen entwickeln, die wir nicht gewollt haben. Das ist eine historische Evidenz«[2].

Das Spiel ist nicht aus, wir beginnen jetzt erst, das ganze Ausmaß dieses ungeheuer weitgespannten, neugierigen, lebendigen, auch widersprüchlichen Werkes zu erfassen. Sartre bleibt, neben Bergson, die überragende Gestalt der französischen Philosophie in diesem Jahrhundert, auch wenn die philosophische Diskussion gegenwärtig eher vom Strukturalismus (und Poststrukturalismus) bestimmt scheint, von Theorien also, die Sartre heftig ablehnte[3].

Eine Einführung in Sartres Werk, die versuchen will, das Lebendige dieses Werks zu zeigen, sieht sich jedoch vor nicht unerheblichen Schwierigkeiten. Die erste besteht in dem riesigen Umfang des Gesamtwerks. Sartre war ein unermüdlicher Schriftsteller — er spricht gelegentlich davon, daß er versucht habe, seine Existenz durch Schreiben zu rechtfertigen[4]. Allein seine philosophischen Schriften umfassen weit mehr als 3.000 Seiten, dazu kommen über 5.000 Seiten Biographien, über

11

2.000 Seiten Erzählungen, Romane, Dramen, Drehbücher und außerdem unzählige andere Schriften, Essays, Vorworte, Polemiken, Briefe usw. Ohne Zweifel ist es möglich — und auch verlockend —, aus dieser riesigen Menge beschriebenen Papiers einige Grundstrukturen seines Denkens herauszudestillieren. Man wird dabei aber in Kauf nehmen müssen, daß der Reichtum phänomenologischer Untersuchungen, die Anschaulichkeit des dramatischen und erzählerischen Werks, die Argumentationsfülle der theoretischen Schriften auf einige mehr oder wenige trockene Ergebnisse verkürzt werden.

Die zweite Schwierigkeit ist mit der ersten verwandt; Sartre war nicht nur ein unermüdlicher Autor, sondern ein ebenso unermüdlicher Leser. Seine Schriften sind voller Anspielungen, Verweise, Reminiszenzen und Auseinandersetzungen mit unzähligen Werken, wobei die französische Literatur und die deutsche Philosophie von bestimmendem Einfluß waren. So finden sich außer den deutlich erkennbaren Anknüpfungen an Hegel und Marx, Husserl und Heidegger weniger offensichtliche, aber keineswegs schwächere Einflüsse von Freud und vor allem Alfred Adler (mit dessen »Individualpsychologie« Sartre mehr als nur die zentrale Bedeutung des Grundentwurfs oder Lebensplanes gemeinsam hat[5]), von Bergson und Dilthey und vielen anderen. Sartre sagt von sich selbst, er sei kein sehr »methodischer« Leser gewesen[6], aber er war jedenfalls ein sehr schöpferischer Leser. Sein Weiterdenken von Hegels »Herrschaft-Knechtschaft« oder Bergsons Zeittheorie, seine Auseinandersetzung mit Husserl, seine Anthropologisierung der Heideggerschen Fundamentalontologie geben davon Zeugnis. Diese ganze Seite seines Werks muß in einer Einführung notgedrungen wegfallen, will man sich nicht auf nur philosophie-geschichtlich interessierende Debatten einlassen, ob er seine Vorgänger nun richtig verstanden habe oder nicht. (Eine Ausnahme wird bei Hegel gemacht.)

Und schließlich: es scheint beinahe so viele Sartres zu geben wie Schriften von ihm, den Dramatiker und den Erzähler, den Philosophen und Historiker, den Literaten, den Journalisten, den Redner, den privaten und den öffentlichen, den frühen und den späten. Sartre beherrscht (beinahe) jeden Stil und (beinahe) jede Literaturgattung. Wo es nötig ist, schafft er sich seine eigene Sprache, aber er gesteht, daß ihn »Stil« nicht interessiere; ja, er schreibt auch gelegentlich gegen seine Überzeugungen, weil er der Meinung war, es müsse ihm erlaubt sein zu spielen. Hier muß sich eine Einführung allerdings nicht für einen dieser vielen Sartres entscheiden, wenn es gelingt, einen einigenden Entwurf in seinem Werk zu entdecken. Tatsächlich wird man in der von Gorz zitierten »Leidenschaft, die Menschen zu verstehen« so etwas wie das einigende Band sehen können. Das scheint ein zugleich vages und anspruchsvolles Projekt zu sein: vage, weil man sich zunächst kaum vorstellen kann, an welchen Kriterien man den Erfolg — oder Mißerfolg — eines solchen Unternehmens messen soll; und anspruchsvoll, weil es schließlich die Absicht vieler verschiedener wissenschaftlicher Disziplinen ist, »die Menschen zu verstehen«, von der Psychologie bis zur Ethnologie, von der Ökonomie bis zur Geschichtswissenschaft. Welche Rolle kann hier die Philosophie, die Literatur, die Biographie spielen? Und wie gehört in diese »Leidenschaft zu verstehen« Sartres eigenes politisches und literarisches Engagement?

Der Darstellung dieser »Leidenschaft« und der Schwierigkeiten, auf die Sartre dabei stieß, die ihn schließlich dazu veranlaßten, »eine grundlegende Änderung« seiner Position vorzunehmen und den Versuch zu unternehmen, den Existentialismus dem Marxismus einzuordnen, gilt die folgende Einführung. Das Hauptgewicht liegt dabei auf den philosophischen Schriften, in denen Sartre explizit Rechenschaft von methodologischen Fragen ablegt. Ohne Zweifel schärft jedoch erst die Kenntnis der literarischen Arbeiten den Blick für die Bedeutung dieser theoretischen Überlegungen.

* * *

Ich wünschte sehr, daß der Leser dieser Einführung etwas von der »glücklichen Vitalität« Sartres spürte, von seiner »Kraft, die Dinge und die Menschen zum Existieren zu bringen«, von der André Gorz spricht. Deshalb sind gelegentlich einige der anschaulichen Beispiele Sartres ausführlich zitiert und besprochen. Sie geben einen Eindruck von der Intensität und Beweglichkeit, der Subtilität und Anschaulichkeit, mit der Sartre zu schreiben vermochte. Freilich finden sich auch trockenere Passagen bei Sartre; aber auch deren Studium wird den Leser in einem Maße bereichern, von dem eine Enführung kaum eine Vorstellung zu geben vermag.

1. Sartres Themen

In der 1938 geschriebenen Erzählung *Die Kindheit eines Chefs* schildert Sartre die Entwicklung Lucien Fleuriers, des Sohnes eines Fabrikbesitzers aus Férolles. Liest man diese Geschichte nach dem Studium von *Das Sein und das Nichts*, so erkennt man darin schon alle Motive aus Sartres philosophischem Hauptwerk wie in einem Keim vorhanden. Was würde ein in dieser Hinsicht unbefangener Leser wahrnehmen?

Lucien wächst, umsorgt und verwöhnt, in einer bürgerlichen Familie auf. Als kleiner Junge ist er hübsch und anmutig, die Erwachsenen bezeichnen ihn gelegentlich im Scherz als Mädchen, und er ist sich nicht sicher, ob sie nicht die Macht haben zu beschließen, daß er tatsächlich kein kleiner Junge mehr sei. Überhaupt *spielt* er, der Lucien zu sein, der er ist. Als er später in der Schultoilette eine Inschrift findet, die ihn als »langen Spargel« bezeichnet, fühlt er sich wie dazu »verurteilt«, sein Leben lang groß zu sein. Mit zunehmendem Alter wirkt er ungeschickter, linkischer, er hat das Gefühl, daß sein Körper dabei ist, «von allen Seiten gleichzeitig zu existieren, ohne ihn danach zu fragen«. Er fühlt sich, als sei sein Kopf »voller Nebel«, und zuletzt »schläft« er ganz und gar ein, ohne daß es jemand bemerkt. Eines Tages, die Fleuriers sind nach Paris gezogen, besucht ihn sein Cousin Riri, dem er die Mathematikaufgaben erklären muß. Als er erfährt, daß ihn Riri vor Dritten undankbarerweise als »Angeber« tituliert hat, beginnt er sich zu fragen, ob er wirklich ein Angeber sei. Er versucht, sich darüber klar zu werden, und erwacht aus seinem Dämmerzustand.

An Stelle jener Betäubung, die so süß für ihn war und die sich wollüstig in ihren eigenen Windungen verlor, war da jetzt eine kleine sehr wache Ratlosigkeit, die sich fragte: ›Wer bin ich?‹

›Wer bin ich? Ich sehe den Schreibtisch an, ich sehe das Heft an. Ich heiße Lucien Fleurier, aber das ist nur ein Name. Ich gebe an. Ich gebe nicht an. Ich weiß nicht, das hat keinen Sinn. Ich bin ein guter Schüler. Nein. Das sieht nur so aus: ein guter Schüler lernt gerne — ich nicht. Ich habe gute Noten, aber ich lerne nicht gerne. Ich verabscheue es auch nicht, ich pfeife drauf. Ich pfeife auf alles. Aus mir wird nie ein Chef.‹ Er dachte beklommen: ›Aber was wird aus mir?‹ Ein Moment verging; er kratzte sich die Backe und blinzelte mit dem linken Auge, weil die Sonne ihn blendete: ›Was bin *ich?*‹ Da war dieser Nebel, in sich selbst verschlungen, unbegrenzt. ›Ich!‹ Er sah ins Weite; das Wort schallte in seinem Kopf, und dann konnte man vielleicht etwas ahnen wie die dunkle Spitze einer Pyramide, deren Seiten in der Ferne im Nebel entschwanden. Lucien erschauerte, und seine Hände zitterten: ›Es ist soweit‹, dachte er, ›es ist soweit! Ich wußte es genau: *ich existiere nicht!*‹.[1]

Es gelingt ihm nicht, wieder »einzuschlafen«. Ein neuer Schüler, Berliac, beeindruckt ihn durch eine Technik, die er »automatisches Schreiben« nennt; er schließt sich Berliac an, diskutiert mit ihm die Lehre Sigmund Freuds und analysiert mit ihm die »Komplexe«, die sie haben. Berliac macht ihn mit seinem Freund Bergère bekannt, einem Surrealisten, der in Psychoanalyse »sehr beschlagen« ist. Er hat ein lächerliches und unerfreuliches homosexuelles Abenteuer mit Bergère, ist aber überzeugt, nicht wirklich homosexuell, sondern »moralisch gesund« zu sein. Er meidet Bergère und bereitet sich zunehmend auf seine zukünftige Aufgabe als Chef vor; sein Vater lehrt ihn, daß Eigentum kein Recht, sondern eine Pflicht sei:

›Was kommen die uns immer mit ihrem Klassenkampf‹, sagte er, ›als ob die Interessen der Unternehmer und der Arbeiter entgegengesetzt wären! Nimm meinen Fall, Lucien. Ich bin ein kleiner Unternehmer, was man im Pariser Argot *Margoulin* nennt. Nun gut, von mir leben hundert Arbeiter mit ihren Familien. Wenn ich gute Geschäfte mache, sind sie die ersten, die davon profitieren. Aber wenn ich gezwungen bin, die Fabrik zu schließen, sitzen sie auf der Straße. *Ich habe nicht das Recht*‹, sagte er mit Nachdruck, ›schlechte Geschäfte zu machen. Das nenne *ich* die Solidarität der Klassen‹.[2]

Lucien wendet sich von der Psychologie ab, wehrt auch die Frage »was bin ich?«, die sich ihm von neuem aufdrängt, ab, indem er sich sagt: »Ich habe zuviel Skrupel ... ich analysiere mich zuviel«[3]. Er will sich von den Dingen bannen lassen, aber es gelingt nicht; der Nebel, der er selbst ist, schiebt sich hinter alles. In der Schule taucht ein neuer Schüler, Lemordant, auf, den Lucien wegen seiner »Reife« bewundert: Lemordant ist »wie ein Fels«. Tatsächlich ist Lemordant vor allem ein militanter Antisemit. Er gewinnt auch Lucien für eine antisemitische Kampagne, hauptsächlich mit dem Argument: »Du bist Franzose, du hast das Recht, deine Meinung zu sagen«. — »Als Lucien hörte, ›du hast das Recht, deine Meinung zu sagen‹, durchfuhr ihn eine unerklärliche und lebhafte Freude«[4]. Lemordant macht ihn mit den Büchern von Maurice Barrès bekannt[5]. Lucien empfindet seine frühere »Konfusion«, seine Beziehungen zu Berliac und Bergère, jetzt als »Entwurzelung«, er will aufs Land zurückkehren und dort leben: »Er würde Férolles zu seinen Füßen finden, harmlos und fruchtbar, in das férollinische Land hingestreckt, eingebettet in Wälder, Quellen, Grün wie ein Nährboden, aus dem Lucien endlich die Kraft schöpfen würde, ein Chef zu werden«[6].

Lucien hat während dieser Zeit eine nicht sehr ernste Affaire mit Maud, einem Nähmädchen aus Angoulême, die sich allein in Paris aufhält. Er schließt sich einer rechtsradikalen Organisation an, zu der Lemordant gehört, den Camelots, deren Anerkennung er gewinnt, als er einen kleinen Juden auf der Straße halb totschlägt. Auf einer Party bei seinem Schulfreund schneidet er auf beleidigende Weise einen ebenfalls eingeladenen Juden. Man verzeiht ihm, weil er schließlich ja seine »Überzeugungen« habe. Lucien fühlt sich überschwenglich und vor allem:

In seinen eigenen Augen erschien er respektabel — in seinen Augen, die endlich seine Hülle aus Fleisch, Vorlieben und Abneigungen, Gewohnheiten und Launen durchbrachen. ›Dort, wo ich mich suchte‹, dachte er, ›konnte ich mich nicht finden.‹ Er hatte nach bestem Wissen und Gewissen die gründliche Bestandsaufnahme all dessen, was er *war*, gemacht. ›Sollte ich aber nur sein, was ich bin, wäre ich nicht mehr als dieser kleine Jude.‹ Wenn man so die schleimige Intimität durchstöberte, was konnte man entdecken, außer der Traurigkeit des Fleisches, der gemeinen Lüge von der Gleichgültigkeit, die Unordnung? ›Erster Grundsatz‹, sagte sich Lucien, ›nicht versuchen, in sich hineinzusehen; es gibt keinen gefährlicheren Fehler.‹ Den wahren Lucien — das wußte er jetzt — mußte man in den Augen der anderen suchen, im furchtsamen Gehorsam von Pierrette und Guigard, in der hoffnungsvollen Erwartung all dieser Wesen, die für ihn heranwuchsen und reiften, dieser jungen Lehrlinge, die *seine* Arbeiter werden würden, der Einwohner von Férolles, groß und klein, deren Bürgermeister er eines Tages sein würde. Lucien hatte beinah Angst, er fühlte sich beinah zu groß für sich selbst. So viele Menschen erwarteten ihn, die Waffe in der Hand: und er war, würde immer diese ungeheure Erwartung der anderen sein. ›Das ist ein Chef‹, dachte er. … Er mußte unbedingt Worte finden, um seine außerordentliche Entdekkung auszudrücken. Er hob langsam, vorsichtig seine Hand an die Stirn, wie eine brennende Kerze, dann sammelte er sich einen Augenblick, nachdenklich und heilig, und die Worte kamen von selbst, er murmelte: ›*Ich habe Rechte!*‹ Rechte! Etwas in der Art von Dreiecken und Kreisen: es war so vollkommen, daß es nicht existierte, da konnte man mit dem Zirkel Tausende von kreisförmigen Linien zeichnen, man schaffte es nicht, einen einzigen Kreis zu verwirklichen. Ebenso könnten Generationen von Arbeitern gewissenhaft Luciens Anweisungen gehorchen, nie würden sie sein Recht zu befehlen ausschöpfen, die Rechte, das war jenseits der Existenz, wie mathematische Gegenstände und religiöse Dogmen. Und nun war Lucien genau das: ein riesiger Strauß von Verantwortlichkeiten und Rechten. Er hatte lange geglaubt, daß er zufällig, willenlos treibend existierte: aber das lag daran, daß er nicht genügend nachgedacht hatte. Lange vor seiner Geburt war sein Platz im Leben, in Férolles, festgelegt. Schon — sogar lange vor der Heirat seines Vaters — wurde er *erwartet;* wenn er auf die Welt gekommen war, so um diesen Platz einzunehmen: ›Ich existiere‹, dachte er, ›weil ich das Recht habe zu existieren.‹ Und zum erstenmal vielleicht hatte er eine überwältigende und glorreiche Vision seines Schicksals. [7]

Damit ist seine Metamorphose beendet: Lucien war ein Kind — jetzt ist er ein Mann, »ein Chef unter den Franzosen«. Er will sich einen Schnurrbart wachsen lassen, um furchterregender auszusehen.

Sartre trägt diese Geschichte im Tone sanfter Ironie vor, wodurch die Gestalt Luciens erstaunlich ambivalent wird. Vor allem der junge Lucien trägt deutlich Züge Sartres, aber auch die Rettung Luciens vor seiner homosexuellen »Verwirrung« durch seinen Versuch, sich durch die Dinge, die Landschaft »bannen« zu lassen, sein Widerwille gegen den Surrealismus, die Psychoanalyse, die Stadt, der Ekel vor der Intimität mit Maud — all das wird so sehr aus seiner Perspektive heraus verständlich gemacht, daß eine gewisse Sympathie mit Lucien überall durchscheint.

Zweifellos erkennt jeder Leser, auch ohne *Das Sein und das Nichts* studiert zu haben, in dieser Geschichte das Hauptthema: Lucien beseitigt die Selbstzweifel, die Suche nach seiner Identität mit einem Gewaltstreich, indem er die faschistische Ideologie übernimmt, indem er sich mit »Blut und Boden«, der »Seele« Frankreichs identifiziert und sein Selbst aus den Rechten, die er hat, bestimmt. Er löst die ihn beunruhigende Frage »wer bin ich?« so, daß er sich mit etwas Festem identifiziert, mit Fels und Erde, mit Rechten, die er sich nach Art mathematischer Wesenheiten »jenseits der Existenz« vorstellt, mit den festen Erwartungen der anderen. Obwohl ihm eine solche Lösung durch seine Umgebung und seine Erfahrungen nahegelegt wird, wird er dazu doch keineswegs gezwungen. Die Entscheidung ist seine eigene freie Wahl. Er wählt den Antisemitismus als Lösung seines Identitätsproblems. Denn schließlich werden ihm seine Erfahrungen, die ihn zu dieser Wahl veranlassen, nicht aufgezwungen: er macht sie — in dem Doppelsinn von erleiden und erschaffen. Er verhält sich Bergère gegenüber so wie Maud sich zu ihm verhält: beide »wissen« oder ahnen doch sehr wohl, was mit ihnen geschehen wird — aber sie gestehen es sich nicht ein.

Dem Leser steht es natürlich frei, den Gang der Ereignisse für plausibel, die Entscheidungen Luciens für hinreichend motiviert zu halten oder nicht. Man täusche sich aber nicht über Sartres Absicht: der Begriff der »hinreichenden Motivierung« ist selber höchst unklar; keinesfalls kann man aus einer bestimmten Menge von Erfahrungen eine Entscheidung »ableiten«; die Erfahrungen beeinflussen, aber determinieren nicht die Wahl.

Nun, eine Erzählung ist kein Beweis. Sie enthält gewisse Annahmen über menschliches Handeln, über den Zusammenhang von Situationen und Handlungen, aber sie artikuliert diese Annahmen nicht. So bleibt dem Leser die Aufgabe — und die Freiheit —, sich die Metamorphose Luciens im vorgegebenen Rahmen selbst zu erklären. Ob jedoch alle Einzelheiten dieser Geschichte dabei so genau ihren Platz finden wie in Sartres eigener Deutung, ist fraglich.

Tatsächlich hat nämlich Sartre in den *Betrachtungen zur Judenfrage,* geschrieben 1944, eine eigene, theoretische Version der Geschichte Luciens vorgelegt. Im ersten Teil, überschrieben mit »Psychoanalyse des Antisemitismus«, versucht er, in das »Gedankenchaos« des Antisemiten einzudringen. Er ordnet dieses Chaos in, wie es scheint, vier Gruppen von zusammenhängenden Vorstellungen.

(1) Hinter der offensichtlichen Inkonsistenz antisemitischer Behauptungen wirkt eine »Logik der Leidenschaft«; die antisemitischen »Ansichten« (vergleiche die »Überzeugungen« Luciens!) beruhen nicht auf Erfahrungen, sondern stammen aus einer »selbstgewählten Haltung der ganzen Persönlichkeit« her. Dem Antisemiten sind die Inkonsistenzen durchaus bewußt — die Frage ist: Wie kann es jemand mit Absicht darauf anlegen, falsch zu urteilen? Sartre antwortet: »Aus Sehnsucht nach dem Absoluten«. Was er damit meint, erläutert er so:

Der denkende Mensch zermartert ächzend sein Gehirn, er weiß, daß seine Erwägungen immer nur Möglichkeiten und keine Gewißheiten ergeben werden, daß andere Betrachtungen alles wieder in Frage stellen werden, er weiß nie, wohin er geht, er ist allem »geöffnet«, und die Welt hält ihn für einen Zauderer. Aber manche Menschen werden von der ewigen Starre der Steine angezogen. Sie wollen wie Felsblöcke unerschütterlich und undurchdringlich sein und scheuen jeden Wechsel: denn wohin könnte der Weg sie führen?

Es handelt sich um eine Urangst vor dem Ich, eine Scheu vor der Wahrheit. Sie fürchten nicht so sehr die innere Wahrheit, die sie nicht einmal ahnen, als ihre stets fliehende, unerreichbare Gestalt.

Ihre eigene Existenz erscheint ihnen dadurch irgendwie nur bedingt. Sie aber wollen bedingungslos und im Heute leben. Sie wollen keine erworbenen Eigenschaften, sie wollen sie fertig in die Wiege gelegt bekommen.

Weil sie sich vor der Logik fürchten, so ersehnen sie eine Lebensform, bei der Logik und Forschung nur eine untergeordnete Rolle spielen, wo man nicht sucht, was man nicht schon gefunden hat, und wo man niemals etwas wird, was man nicht schon war. Bleibt nur als einziger Ausweg die Leidenschaft.

Nur die Benommenheit durch ein starkes Gefühl kann blitzartige Gewißheit geben, nur sie kann die Logik im Zaum halten, kann der Erfahrung trotzen und ein Leben lang fortbestehen.

Der Antisemit hat sich dem Haß ergeben, weil der Haß ein Glaube ist; er hat von Anfang an beschlossen, die Worte und die Vernunftgründe zu entwerten.[8]

In diesen Komplex des faktischen Irrationalismus gehört die Absicht des Antisemiten, furchterregend zu wirken (Luciens Stock und Schnurrbart), weil er »die Angst sein will«, die er anderen einflößt; ebenso gehört dazu die Verachtung der Vernunft und des Verstandes sowie der Verstandesabstraktionen, die das moderne Wirtschaftsleben bestimmen, wie Geld oder Aktien. Der Antisemit begreift nur eine Art »bäuerlicher Aneignung, die sich auf einen wahrhaft magischen Zusammenhang mit dem Besitz gründet. ... Er ist der Dichter der eigenen Scholle«[9]. Sartre verweist auch hier wieder auf Barrès.

So bekennt sich der Antisemit von Anfang an zu einem faktischen Irrationalismus. Er wehrt sich gegen den Juden wie das Gefühl gegen den Verstand, wie der Einzelne gegen die Allgemeinheit, wie die Vergangenheit gegen die Gegenwart, wie das Konkrete gegen das Abstrakte, wie der Grundbesitz gegen den Besitz mobiler Werte.[10]

(2) Der Antisemitismus ist aber nicht nur diese Freude am Haß, er bietet auch positive Genüsse:

Wenn ich den Juden als minderwertiges, schädliches Wesen behandle, so fühle ich mich im gleichen Augenblick zu einer Elite gehörig. Und zum Unterschied von den modernen Eliten, die auf Verdienst und Arbeit aufgebaut sind, erinnert diese in allen Punkten an einen Geburtsadel. Ich brauche nichts zu tun, um ihn zu verdienen und kann nichts tun, um ihn zu verlieren. Er wurde ein für allemal verliehen. Er ist ein Ding an sich. [11]

Was steckt dahinter? Die Flucht vor der Verantwortung und dem eigenen Gewissen. Der Antisemit hat für sein Ich »die Starre des Felsens« vor Augen, wenn er sich aus Angst vor der Willensfreiheit an moralische Werte hält, die er als unwandelbar betrachtet, und wenn er aus Angst vor der Einsamkeit die Mittelmäßigkeit zum Ideal erhebt[12]. Letztlich beruht diese Haltung darauf, daß dem Antisemiten die moderne Gesellschaftsordnung undurchschaubar erscheint. Er sehnt sich stattdessen nach Urgemeinschaften, die plötzlich entstehen, etwa im Zusammenhang mit Skandalen oder Fällen von Lynchjustiz. Er wünscht sich eine starke Regierung, die ihn der Verantwortung enthebt, selbständig zu denken; allerdings erstrebt er die Ordnungsfunktion der Regierung hauptsächlich für die anderen, während er für sich selbst die verantwortungslose Unordnung vorzieht.

(3) Um sich das Funktionieren der modernen Gesellschaften, den Ablauf der Geschichte überhaupt nach dem Modell individueller Willensakte erklären zu können, dem einzigen Modell, das ihm geläufig ist, macht der Antisemit von dem »Geist der Synthese« Gebrauch, den er dem analytischen Denken des Juden gegenüberstellt. »Was für den Antisemiten den Juden ausmacht, ist die Existenz des Judentums in ihm, des jüdischen Prinzips, ähnlich dem Phlogiston oder der einschläfernden Kraft des Opiums«[13]. Dieses Prinzip ist »magisch«. Es ist eine »Essenz«, eine Wesensform, das Böse schlechthin. Durch die Annahme dieses Prinzips des Bösen im

Juden entflieht der Antisemit der Erkenntnis, daß die Welt schlecht ist: »Denn in diesem Falle müßte man erfinden, verbessern, und der Mensch wäre wieder Herr seines Schicksals mit einer beängstigenden, unaufhörlichen Verantwortung«[14].

(4) Psychoanalytisch betrachtet steckt hinter dem Antisemitismus Sadismus. Der Antisemit hat sich selbst zum Verbrecher, »und zwar zum ›unbefleckten‹ Verbrecher auserkoren« — er ist »Verbrecher für eine gute Sache« —, »aber auch hier flieht er die Verantwortung; er hat seine Mordinstinkte erkannt, aber er hat das Mittel gefunden, sie zu befriedigen, ohne es sich einzugestehen«[15].

Damit hat Sartre das Porträt vollendet:

Nun können wir den Antisemiten verstehen. Er ist ein Mensch, der Angst hat. Nicht vor den Juden; vor sich selbst, vor seiner Willensfreiheit, seinen Instinkten, seiner Verantwortung, vor der Einsamkeit und vor jedweder Veränderung, vor der Welt und den Menschen, vor allem — außer vor den Juden. Er ist ein uneingestandener Feigling, ein Mörder, der seine Mordsucht verdrängt und kennt, ohne sie zügeln zu können, und der es doch nur wagt, bildlich oder im Anonymat der großen Masse zu töten, ein Unzufriedener, der aus Angst vor den Folgen seiner Auflehnung es nicht wagt, sich aufzulehnen.

Wenn er sich zum Antisemitismus bekennt, so nimmt er nicht einfach eine Meinung an, sondern begeht einen Akt der Selbstbestimmung. Er wählt für sein Ich die Undurchdringlichkeit des Felsens, die völlige Unverantwortlichkeit des Soldaten, der seinen Vorgesetzten gehorcht; er aber hat keinen Vorgesetzten.

Er will nichts erwerben, nichts verdienen, sondern alles in der Wiege vorfinden — aber er ist nicht von Adel.

Das Gute soll für ihn fix und fertig, über jeden Zweifel erhaben, unantastbar sein, er wagt nicht, zu ihm aufzublicken, aus Angst, es am Ende bestreiten und nach einem anderen Guten forschen zu müssen.

Der Jude dient hier nur als Vorwand; anderswo bedient man sich des Negers oder des Gelben. Seine Existenz ermöglicht es einfach dem Antisemiten, seine Ängste im Keim zu ersticken, indem er sich davon überzeugt, daß ihm sein Platz an der Sonne von jeher reserviert war, daß er auf ihn wartete, und daß er das angestammte Recht hat, ihn einzunehmen.

Der Antisemitismus ist, kurz gesagt, die Angst, Mensch zu sein. Der Antisemit will ein unerbittlicher Felsen, ein reißender Sturzbach, ein verheerender Blitz — alles, nur kein Mensch sein. [16]

Die Fülle von Einzelzügen, der Irrationalismus, das Überlegenheitsgefühl, die Mystik von Blut und Boden, der »pervertierte« Freiheitsbegriff, der Manichäismus von Gut und Böse, der Sadismus usw. werden von Sartre hiermit auf einige wenige Prinzipien zurückgeführt: auf die Angst vor der eigenen Willensfreiheit, auf die Angst vor der Einsamkeit, auf die Angst vor der Verantwortung, auf die Angst davor, sein Ich in sich selbst zu suchen, die Urangst vor dem Ich, auf die Angst vor der inneren Wahrheit. Blickt man von hier aus noch einmal auf Luciens Metamorphose zurück, wird deutlich, daß diese »Verwandlung« die Geschichte einer Wahl ist — aber einer verfehlten Wahl. Lucien wählt sich — als jemand der in der Angst der anderen er selbst ist, als »Chef unter den Franzosen«. Unter diesem Aspekt finden alle Einzelzüge ihre Stelle im Ganzen.

Sartres *Betrachtungen* decken sich in vielen Punkten mit den Untersuchungen anderer Autoren [17]; die Reduzierung der verschiedenen Komponenten auf die obengenannten Prinzipien, im Kern auf die »Urangst vor dem Ich«, wirft jedoch eine Reihe von Fragen auf, die Sartre in seinem Hauptwerk *Das Sein und das Nichts* zu beantworten versucht hat. Müssen wir bei dieser Urangst vor dem Ich haltmachen; ist sie ein letztes, unerklärliches Faktum, das als Erklärungsprinzip fungiert, selbst aber als gegeben hingenommen werden muß? Oder kann man auch hier noch weiterfragen?

2. Annäherung an »Das Sein und das Nichts«

An-sich-Sein und Für-sich-Sein

Zumindest einige der Erklärungen, die Sartre für den Antisemitismus gibt, scheinen auf den ersten Blick wenig einleuchtend. Denn was soll eigentlich »Angst vor der Willensfreiheit« sein oder die »Urangst vor dem Ich«? Ist nicht einen freien Willen zu haben oder gar »man selbst zu sein« identisch mit »keinem Zwang zu unterliegen« und damit der Inbegriff des Glücks, der Übereinstimmung mit sich, der Harmonie? Wie kann man aber vor dem Guten Angst haben? Wieso soll man Angst davor haben, Herr seines eigenen Schicksals zu sein? Es ist deutlich, daß Sartre hier Gebrauch von theoretischen Einsichten macht, die einer ausführlichen Begründung bedürfen, um verständlich und plausibel zu sein.

Tatsächlich könnte man sagen, daß das ganz riesenhafte Werk *Das Sein und das Nichts* diesem einzigen Problem, der »Angst, ein Mensch zu sein«, gewidmet ist: »Der Antisemit will ein unerbittlicher Felsen, ein reißender Sturzbach, ein verheerender Blitz – alles, nur kein Mensch sein«. Entkleidet man diesen Satz ein wenig seiner Metaphorik, so sagt er: Der Antisemit zieht es vor, eine bestimmte Art von Ding zu sein statt ein Mensch. Kann man ein Ding sein wollen? Zur Beantwortung genau dieser Frage holt Sartre achthundert Seiten weit aus.

Zunächst muß man sich den Unterschied zwischen dem Ding-sein und Mensch-sein deutlich machen. Dinge wie Felsen, Sturzbäche und Blitze, so unterschiedlich sie auch untereinander sein mögen, unterscheiden sich gemeinsam vom

25

Menschen durch die Unfähigkeit, sich zu sich selbst zu verhalten, zu sich selbst eine Distanz einzunehmen. Dies ist nur ein anderer Ausdruck für die Tatsache, daß der Mensch im Gegensatz zu den Dingen durch Bewußtsein charakterisiert ist: denn Bewußtsein, bewußtes Sein, ist die Fähigkeit, sich von anderem zu unterscheiden. Und eben dazu bedarf es der Distanz zu sich selber.

Etwas bewußt zu erleben bedeutet, das Erleben selbst zum Gegenstand machen zu können, nicht mehr unmittelbar im Erlebnis aufzugehen; dieser Verlust an Unmittelbarkeit ist genau die Folge des Bewußtseins. Dinge sind dagegen durch die völlige Identität mit sich charakterisiert (wobei schon dieser Ausdruck fast irreführend ist, scheint das »mit sich« doch schon so etwas wie ein reflexives Verhältnis anzudeuten). Sartre übernimmt für diese beiden Arten des Seins, für das Bewußt-sein und für das Ding-sein, die Hegelschen Ausdrücke Für-sich-Sein und An-sich-Sein (Hegel selbst entnahm diese Termini der Umgangssprache[1]). Einfacher wäre es, von Dingen zu sagen: sie sind das, was sie sind, Felsen, Sturzbäche, Blitze — sie sind identisch mit sich. Und vom Bewußtsein? Nun, offensichtlich ist sein entscheidendes Merkmal die Nicht-Identität, die fehlende Übereinstimmung mit sich: das Für-sich-Sein ist, was es nicht ist, und ist nicht, was es ist.

Man kann versuchen, sich diese Formel dadurch verständlicher zu machen, daß man sich an Luciens Selbstzweifel erinnert. Lucien fragt sich: »Wer bin ich?«; er versucht, sich seiner selbst dadurch zu vergewissern, daß er fragt: Was tue ich? Was habe ich? Was bin ich? Die Kategorien Haben, Machen und Sein sind gleichsam das Schleppnetz, in dem er sich einfangen will. Und als er merkt, daß ihm keiner dieser Begriffe die Antwort auf das liefern kann, was er wissen möchte, zieht er den Schluß, er existiere nicht. Er ist nicht das, was er sieht, die Hefte, der Schreibtisch, er ist nicht das, was er tut, er ist nicht das, was er hat, er ist nicht das, was er ist — er ist ein guter Schüler, aber da er nicht gerne lernt, ist er nicht wirklich ein guter Schüler. Er ist nicht das, was er war, anmutig, er ist nicht das, was er sein wird, ein Chef. Wer ist Lucien? Er spielt nur, Lucien zu sein, glaubt deshalb als Kind auch, die Dinge spielten nur zu sein. Das Dilemma, in dem er sich befindet, besteht also darin, daß einerseits die Frage »wer bin ich?« nur dadurch beantwortet werden kann, daß man sagt, wie man ist, was man tut, was man hat, andererseits jede dieser Antworten ungenügend, ja falsch ist. »Ich gebe an, ich gebe nicht an. Ich weiß nicht, das hat keinen Sinn«. Lucien ist ein Angeber, er ist kein Angeber, er ist, was er nicht ist, und ist nicht, was er ist.

»Eine Rose ist eine Rose ist eine Rose« und in Ewigkeit so weiter: sie ist, was sie ist, und das ist alles. Aber wer ist Lucien? Was ist Lucien? Lucien ist zunächst einmal jemand, der wissen möchte, wer oder was er ist, er verhält sich zu sich selbst, ihm geht es um sein Sein — und eben das zeichnet ihn vor allen Dingen aus.

Lassen wir es zunächst mit dieser vorläufigen Charakterisierung der beiden Arten des Seins, des Ding-seins und des Bewußt-seins, bewenden. Die traditionelle Ontologie, wie sie von Aristoteles begründet wurde, hatte diese Unterscheidung ignoriert. Ob Sokrates oder ein Fels, das war gleich, beide waren für Aristoteles Seiende, die durch Bestimmungen in den Kategorien Qualität, Quantität, Relation, Zeit, Ort, Tun, Leiden, Haben und Lage hinreichend charakterisiert waren. Sokrates oder der Fels, beide sind »Substanzen«, die so und so sind. Alles So-und-so-Sein in den von dieser Substanz abhängigen Kategorien, wie eine-Farbe-sein oder größer-sein-als oder in-einem-Verhältnis-zu-x-stehen war ein Nicht-selbständig-Sein, das *an* diesen Substanzen vorkam: Sokrates oder der Felsen waren weiß oder größer als oder älter als usw. Erst die neuzeitliche Philosophie entwickelte ein klares Bewußtsein von dem Unterschied dieser beiden »Substanzen«. So heißt es z.B. in Hegels *Phänomenologie des Geistes* in dem Kapitel über das Selbstbewußtsein (das wir unten näher untersuchen werden): »Das Selbstbewußtsein ist an und für

27

sich, indem und dadurch, daß es für ein anderes Selbstbewußtsein an und für sich ist; d.h. es ist nur als ein Anerkanntes« [2]. Hier erscheint nicht nur das Selbstbewußtsein als Subjekt der Aussage — und nicht etwa der Mensch (die Substanz), der Selbstbewußtsein hat —, sondern ebenso deutlich auch die Doppelheit der Seinsarten des selbstbewußten Menschen: er ist an sich, Seiendes, ein Ding, das mit sich identisch ist; und er ist für sich, ein Bewußtsein, das nicht sich selbst gleich, sondern in Distanz zu sich, sich selbst ungleich ist. Wir werden später sehen, wie wichtig gerade diese Einsicht Hegels für Sartre ist.

Hier sollte zunächst nur soviel über die beiden Seinsarten gesagt werden, daß verständlich wird, warum Sartre den Begriff des An-sich-Seins, des Seins der Dinge, als *positiven* Begriff auffaßt: in der Identität ist keine Distanz, kein Unterschied, keine Differenz vorhanden; anders dagegen der Begriff des Für-sich-Seins: er ist ein *negativer* Begriff, ein Begriff, der eine Negation in sich birgt. Im Für-sich-Sein ist immer einerseits der Unterschied des Bewußtseins von den Dingen, von denen es sich unterscheidet, andererseits der Unterschied des Bewußtseins von sich selbst mitgedacht. »Ich sehe den Schreibtisch an, ich sehe das Heft an« — ich bin aber weder der Schreibtisch noch das Heft, sie sind auch nicht Inhalt meines Bewußtseins, sondern von mir unterschiedene Gegenstände im Raum. Ich bin aber auch nicht das Sehen meines Heftes, sondern auch das Sehen des Schreibtisches; ich bin mein Bewußtsein, aber mein bewußtes Sein hat gerade die Struktur zu sein, was ich nicht bin, und nicht zu sein, was ich bin. Durch das Für-sich-Sein gibt es also Negativität, Nicht-Sein, »das Nichts« (*néant*, menschliches Nicht-Sein) und das »nichts« (*rien*, dingliches Nicht-Sein)

Lucien will ein »unerbittlicher Felsen …, alles, nur kein Mensch sein«: er will also an sich, nicht für sich sein. Man sieht hier unmittelbar den Zusammenhang zwischen so konkreten politischen Fragen wie denen in den *Betrachtungen zur Judenfrage* und einer scheinbar so abstrakten Disziplin wie der Ontologie. Ein Ding zu sein und ein Mensch zu sein, sind zwei Arten des Seins und als solche Gegenstand der Ontologie. Es sind aber gleichzeitig auch zwei Möglichkeiten menschlichen Seins — und welche Alternative man wählt, entscheidet darüber, in welcher Welt man lebt.

Die Untersuchungen von *Das Sein und das Nichts* bewegen sich zwischen diesen beiden Polen, der Positivität des An-sich-Seins und der Negativität des Für-sich-Seins. Beide haben, wie man sieht, nur eine sehr entfernte Ähnlichkeit mit den traditionellen Begriffen der Objektivität und der Subjektivität. Um aber besser verstehen zu können, warum Lucien aus Angst vor dem Für-sich-Sein das An-sich-Sein des Felsens wählt, müssen wir etwas tiefer in die Strukturen beider Seinsarten eindringen. Das geschieht am besten auf zwei Wegen: zunächst durch einen kleinen Exkurs über Hegels Begriff des Selbstbewußtseins — und dann durch eine direkte Untersuchung des Begriffs des Bewußtseins bei Sartre selbst.

Hegels Begriff des Selbstbewußtseins

Sartres *Das Sein und das Nichts,* aber auch *Materialismus und Revolution* und selbst noch die *Kritik der dialektischen Vernunft* spielen immer wieder auf Hegels Begriff des Selbstbewußtseins aus der *Phänomenologie des Geistes* an[3], der für Sartre ein grundlegendes Modell der Struktur des Für-sich-Seins abgibt.

Im Abschnitt »Selbständigkeit und Unselbständigkeit des Selbstbewußtseins; Herrschaft und Knechtschaft« im vierten Kapitel der *Phänomenologie* geht Hegel von der wichtigen Einsicht aus, daß Selbstbewußtsein nicht dadurch entsteht oder möglich ist, daß ein Mensch in sich hineinhorcht, auf sich selbst reflektiert, sondern daß man seiner selbst nur durch die Vermittlung eines anderen Menschen bewußt wird, der seinerseits auch nur durch diese Vermittlung sein Selbstbewußtsein erlangt. Hegel trennt methodisch den *Begriff* der wechselseitigen Anerkennung, welche die Voraussetzung für die Entstehung des Selbstbewußtseins bildet, von seiner *Realisierung* und bestimmt zunächst nur den Begriff der Anerkennung. Er konstruiert ihn in drei Stufen.

Die erste Stufe ist die der Affirmation oder Setzung: »Es ist für das Selbstbewußtsein ein anderes Selbstbewußtsein; es ist *außer sich* gekommen. Dies hat die gedoppelte Bedeutung: *erstlich,* es hat sich selbst verloren, denn es findet sich als ein *anderes* Wesen; *zweitens,* es hat damit das Andere aufgehoben, denn es sieht auch nicht das Andere als Wesen, sondern *sich selbst* im *Anderen*«.[4]

Warum fühlt sich das eine Selbstbewußtsein außer sich, wenn es auf das andere Selbstbewußtsein trifft? Wie erklären sich die beiden Deutungen, die Hegel dem »außer sich« gibt? Sartre wird gerade dieser doppelten Bedeutung große Aufmerksamkeit widmen. Hegel selber erklärt diese »Entäußerung« des Selbst nicht weiter, aber man kann eine Vermutung hegen: die vollendete Anerkennung des Anderen besteht darin, sich selbst im Anderen anzuschauen; wie Hegel sagt: an dem anderen die Wahrheit (d.h. hier gegenständliche Wahrheit, Anschauung oder ein Bild) der eigenen Selbstgewißheit, des Ich, zu haben. Aber heißt das nicht, sich selbst zu »entäußern«, sich selbst zu spalten und sich gegenständlich gegenüberzutreten? Heißt das nicht, außer sich zu sein? Wie kann ein Anderer Ich sein, wo doch immer nur ich selbst Ich bin? (Hegel unterstellt hier dem Selbstbewußtsein die Auffassung, »Ich« sei ein Eigenname.) Aber halten wir diesen Widersinn fest — dann steckt in der Grundvoraussetzung der Anerkennung erstens: der Andere ist Ich; und zweitens: ich bin der Andere. Wie kann man diese Paradoxie ertragen? Gar nicht. Man muß versuchen sie aufzuheben.

Die zweite Stufe ist die der Negation: »Es (das Selbstbewußtsein) muß dies *sein Anderssein* aufheben; dies ist das Aufheben des ersten Doppelsinnes und darum selbst ein zweiter Doppelsinn; *erstlich*, es muß darauf gehen, das andere selbständige Wesen aufzuheben, um dadurch *seiner* als des Wesens gewiß zu werden; *zweitens* geht es hiermit darauf, *sich selbst* aufzuheben, denn dies Andere ist es selbst«[5].

Wenn die vollendete Anerkennung darin besteht, sich selbst, das Ich, im Anderen anzuschauen, und wenn dieses zunächst die Paradoxie zur Voraussetzung hat, daß Ich ein Anderer wird, dann besteht die Aufgabe darin, dies Anderssein seiner selbst aufzuheben. Das Ich muß sich sich selbst wieder aneignen; es muß versuchen, den Anderen als selbständiges Wesen zu negieren. Aber im Begriff der Anerkennung steckt, daß es sich im Anderen selbst anschaut; das würde also auch zur Folge haben, daß es sich selbst negiert. Es steht erneut vor einem unerwünschten Dilemma. Wie ist die Lösung daraus?

Die dritte Stufe bezeichnet Hegel als Negation der Negation: »Dieses doppelsinnige Aufheben seines doppelsinnigen Andersseins ist ebenso eine doppelsinnige Rückkehr *in sich selbst*; denn *erstlich* erhält es durch das Aufheben sich selbst zurück, denn es wird sich wieder gleich durch das Aufheben *seines* Andersseins; *zweitens* aber gibt es das andere Selbstbewußtsein ihm wieder ebenso zurück, denn es war sich im Anderen, es hebt dieses *sein* Sein im Anderen auf, entläßt also das Andere wieder frei«[6].

Welche Negation meines Andersseins kann so beschaffen sein, daß sie dieses unerwartet glückliche Ergebnis hat? Der Tod des Anderen würde eine Anerkennung und damit so etwas wie ein wahres Selbstbewußtsein (in dem Sinne, wie Hegel hier »wahr« versteht, nämlich gegenständlich-anschaulich) unmöglich machen. Die Lösung besteht offensichtlich in der Anerkennung selbst. Wenn ich den Anderen als *Anderen* negiere, ihn also wirklich als Ich anerkenne (und er umgekehrt dasselbe tut), dann schaue ich mich tatsächlich in ihm an, ich bin mir in ihm nicht mehr entfremdet oder außer mir; und umgekehrt wird der Andere frei gelassen, indem er vom ersten Selbstbewußtsein nicht mehr nur als sein Anderssein angesehen wird.

Der Begriff der Anerkennung umfaßt also die Entäußerung, den Kampf und die eigentliche Anerkennung. Anerkennung ist diejenige Beziehung, in der *ego* und *alter ego* sich wechselseitig im Anderen anschauen, ihre »Wahrheit« am Anderen haben, d. h. den Anderen als Ich sehen. In der Anerkennung erfährt Ich, daß es Ich nur durch oder vermittels eines anderen Ich ist, in welchem es sich selbst anschaut – Anerkennung ist ein Beispiel der dialektischen Grundfigur der Identität von Identität und Nicht-Identität.

Es ist hier nicht der Ort, den vielen Interpretationsmöglichkeiten, die diese ebenso reiz- wie geheimnisvolle Konstruktion des Anerkennungsbegriffs bietet, nachzugehen, zumal wir später Sartres Deutung kennenlernen werden. Aber angesichts der nur sehr knappen Zitate aus dem Hegelschen Text sind einige Hinweise vielleicht nützlich.

Es wird nur sehr selten erkannt, daß die *Phänomenologie des Geistes* ein seiner Struktur nach ironisches Buch ist. Die vorgeführten Bewußtseinsgestalten befinden sich *auf dem*

Wege zur Wahrheit, und wir, die Leser, folgen dieser »Komödie der Irrungen« aus der Perspektive des Zuschauers, nicht des Irrenden selbst. So kann man die Erfahrungen des Selbstbewußtseins, ja auch die Konstruktion des Anerkennungsbegriffs zwanglos als einen Lernprozeß deuten. Das Selbstbewußtsein ist anfänglich in dem Irrtum befangen, nur es selber sei *Ich* — »sein Wesen und absoluter Gegenstand ist ihm *Ich*«, wie es etwas später heißt. Es hat sich gleichsam in dem »Ich bin Ich« so verheddert, daß es keinem Anderen zubilligt, Ich zu sein. Man könnte sagen, es hält »Ich zu sein« für eine besondere Eigenschaft, die nur ihm allein zukommt, da es allein ja tatsächlich Ich ist. Wir sehen natürlich sofort, daß das ihm gegenübertretende andere Selbstbewußtsein ebenso denkt; aber für die Beteiligten löst sich dieser Knoten in ihrem Denken erst in der wechselseitigen Anerkennung des Anderen als Ich. Sie begreifen, daß »Ich zu sein« keine Eigenschaft ist, die nur an sie selbst und an keinen Anderen gebunden ist, sondern daß jedes sprachfähige Subjekt mit dem Wort »Ich« auf sich verweisen kann. Erst in diesem Augenblick schauen sie sich, die sie Ich sind, im jeweils Anderen an; sie erkennen in ihm eben das Ich, das auch sie sind. (Einen ganz ähnlichen Lernprozeß hatte die Gestalt der sinnlichen Gewißheit im 1. Kapitel der *Phänomenologie* durchgemacht, als sie merkte, daß »Hier« und »Jetzt« nicht die Eigennamen bestimmter hier und jetzt anwesender Raum- und Zeitpunkte sind, sondern an die jeweilige Sprechsituation gebundene »Zeige«-Wörter.)

Die Realisierung dieses Begriffs der Anerkennung macht den eigentlichen Gang des Kapitels aus, ohne daß die wechselseitige Anerkennung erreicht würde[7]. Zunächst treten zwei Selbstbewußtseine einander gegenüber, die noch weit von jeder Anerkennung entfernt sind. Vielmehr betrachtet jedes nur sich selbst als Für-sich-Sein, das andere dagegen als an sich, als Bewußtsein in der Gestalt der Dingheit. In dieser Konfrontation sucht sich jedes der beiden *ego* als Für-sich-Sein zu erweisen, indem es sich als »reine Negation seiner gegenständli-

chen Weise« erweist, d. h. sich als Freiheit von seiner Dinglichkeit zeigt. Es beweist also seine Freiheit, indem es sich von
der Kette der Determination löst, die in der dinglichen Welt
herrscht. Es zeigt sich als an kein bestimmtes Dasein geknüpft. Es bewährt (bewahrheitet oder beweist) seine Freiheit
(von der Kausalität der dinglichen Welt) allein durch das
Dransetzen des Lebens — es läßt sich auf einen Kampf auf
Leben und Tod mit dem Anderen ein, der dasselbe tut. Aus
diesem Kampf erst gehen Herr und Knecht hervor: Herr ist
dasjenige Für-sich-Sein, das sich von der Kette der Kausalität,
die in der gegenständlichen Welt herrscht, lösen konnte, also
sein Leben gewagt hat; Knecht dasjenige, dem das Leben
wichtiger war als die Freiheit: es hat sich als Bewußtsein in
der Gestalt der Dingheit erwiesen. Der Herr ist durch den
Knecht mit sich selbst und mit der Dingwelt, dem Leben ver-
mittelt. Denn er ist (a) die Macht über die Dingwelt und (b)
die Macht über den Knecht; und er ist (c) durch die Macht
über die Dingwelt Macht über den Knecht; und (d) durch die
Macht über den Knecht die Macht über die Dingwelt. Diese
Machtverhältnisse faßt Hegel in einem »Schluß« zusammen:
der Herr ist die Macht über die Dingheit,
die Dingheit ist die Macht über den Knecht —
also: der Herr ist vermittels der Macht über die Dingheit die
Macht über den Knecht.

Füllt man die sich nun ergebenden Beziehungen durch die
entsprechenden Begriffe aus, so ergibt sich folgendes Bild:

Der Herr benutzt nun seine Macht über den Knecht zur Vermittlung zwischen sich und der begehrten Dingwelt; er zwingt
den Knecht zur Arbeit:

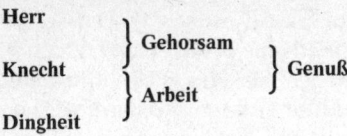

und gelangt so in den Genuß der Dinge.

Wie weit sind diese beiden Bewußtseinsgestalten auf dem Weg zur wechselseitigen Anerkennung? Der Herr schaut im Knecht das Bewußtsein in Gestalt der Dinglichkeit an. Der Knecht *ist* an und für sich, aber er *weiß* sich noch nicht als Für-sich-Sein, er weiß sich nicht als frei; der Herr hat im Knecht kein Bild seiner selbst. Der Knecht dagegen hat an dem Herrn das Bild des Für-sich-Seins, der Freiheit. Er hat zwar das Für-sich-Sein selbst auch als Möglichkeit an sich, denn in der Todesfurcht hat er Angst um sein ganzes Wesen gehabt; er hat in diesem Augenblick das Bewußtsein der Nichtigkeit des Daseins gehabt, das Bewußtsein, *nicht* an die »Ausbreitung des Lebens« geknüpft zu sein (das Für-sich-Sein des Herrn hatte sich ebenfalls darin bewährt, daß ihm die Ausbreitung des Lebens nur als nichtig, als verschwindendes Moment erschienen war: das Bewußtsein der Nichtigkeit alles Bestehenden ist das Wesen des Selbstbewußtseins). Aber die Todesfurcht war für den Knecht der Augenblick, in dem er sich für das Leben entschieden, sich der Determination der Dingwelt unterworfen hat. Durch die Arbeit nun wird sich das knechtische Bewußtsein seiner selbst bewußt. Dem Knecht tritt in dem bearbeiteten Gegenstand seine eigene Macht über die Dingwelt ins Bewußtsein; in der Form des bearbeiteten Gegenstandes erkennt er diese seine Macht in gegenständlicher Gestalt. Er erfährt damit in der geformten Dingheit sein Für-sich-Sein. Während er sich vorher dem Sein des Lebens unterworfen fühlte, sich von der Kette der Determination nicht lösen konnte, arbeitet er jetzt diese Furcht hinweg, setzt sich selbst als gegenständliches Wesen und wird so *für* sich selbst zum Für-sich-Sein: »Im Herrn ist ihm das Fürsichsein *ein anderes* oder nur *für es* (das dienende Bewußtsein); in der Furcht ist das Fürsichsein *an ihm selbst;* in dem Bilden wird das Fürsichsein als *sein eigenes* für es, und es kommt zum Bewußtsein, daß es selbst an und für sich ist. Die Form wird dadurch, daß sie *hinausgesetzt* wird, ihm nicht ein Anderes als es; denn eben sie ist sein reines Fürsichsein, das ihm darin zur Wahrheit (d. h. gegenständlich-anschaulich) wird. Es wird also durch dies Wiederfinden seiner durch sich selbst *eigener Sinn,* gerade in der Arbeit, worin es nur *fremder Sinn* zu sein schien«[8].

Hier hat der Knecht also ein Bewußtsein von sich selbst erlangt durch Vermittlung eines anderen Bewußtseins, durch Gehorsam und Arbeit: er ist Selbstbewußtsein. Der Knecht hat aber die Wahrheit (= Gegenständlichkeit) seines An-und-für-sich-Seins bislang nur im bearbeiteten, formierten Gegenstand, nicht im anderen Selbstbewußtsein — Herr und Knecht sind von der wechselseitigen Anerkennung noch weit entfernt.

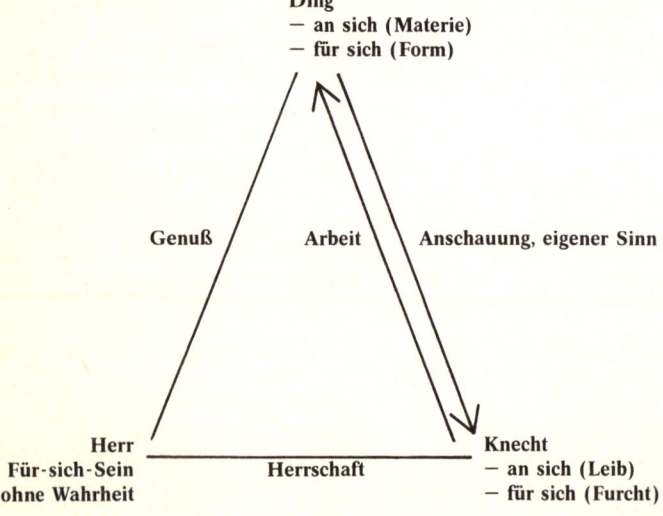

Ding
— an sich (Materie)
— für sich (Form)

Genuß Arbeit Anschauung, eigener Sinn

Herr Knecht
Für-sich-Sein Herrschaft — an sich (Leib)
ohne Wahrheit — für sich (Furcht)

Die weitere Entwicklung des Selbstbewußtseins erfolgt nun auf Seiten des knechtischen Bewußtseins. Es ist an und für sich, schaut aber diese beiden Seiten seiner selbst noch an verschiedenen Gegenständen an, das Für-sich-Sein am Herrn, das An-sich-Sein am Ding. Das knechtische Bewußtsein hat also zwar nicht die wirkliche Macht über die Dinge, aber die Dinge haben die *Bedeutung* für es, daß es sich darin als formgebend erkennt. Diese Bewußtseinsgestalt ist der *Stoizismus*: »Sein Prinzip ist, daß das Bewußtsein denkendes Wesen ist und etwas nur Wesenheit für dasselbe hat oder wahr und gut für es ist, als das Bewußtsein sich darin als denkendes Wesen verhält« [9]. Gewiß ist dies auch eine Art Freiheit, aber nur die Freiheit des Denkens und aus sich selbst heraus unfähig, wirklich Herr über das Sein zu werden. Das Denken ist hier zwar die Form des Gedachten, der Inhalt ist aber noch vorgegeben. So geht der Stoizismus in den *Skeptizismus* über, in das Schwanken zwischen der Abhängigkeit von der sinnlichen Welt und der Macht über sie im Denken. Das Bewußtsein erfährt sich im Skeptizismus als gedoppelt: es spürt in sich die Kraft des unwandelbaren Denkens, aber auch die Verwirrung, in die es fällt, weil es sich gleichzeitig von der Sinnlichkeit, der Empirie abhängig fühlt, über die es sich doch als Macht weiß. Und daraus geht eine neue Gestalt des Bewußtseins hervor, das *unglückliche Bewußtsein*. Es ist vom Skeptizismus dadurch unterschieden, daß es sich dieser beiden Seiten seiner selbst bewußt ist und versucht, sie zu einer Einheit zusammenzubringen. »Das unglückliche Bewußtsein ist das Bewußtsein seiner als des gedoppelten, nur widersprechenden Wesens« [10]. Das unglückliche Bewußtsein ergreift Partei gegen sich als das wandelbare, aber da es selbst dies zerrissene Bewußtsein ist, ist »damit ein Kampf gegen einen Feind vorhanden, gegen welchen der Sieg vielmehr ein Unterliegen, das eine erreicht zu haben vielmehr der Verlust desselben in seinem Gegenteile ist. Das Bewußtsein des Lebens, seines Daseins und Tuns ist nur der Schmerz über dieses Dasein und Tun, denn es hat darin nur das Bewußtsein seines Gegenteils, als des Wesens, und der eigenen Nichtigkeit«[11].

Die Einzelheiten dieses Kampfes sind bei Hegel dazu bestimmt, eine gewisse Form der mittelalterlichen Religiosität zu charakterisieren, die sich ihren Ausweg in den Kreuzzügen bahnte. Sie sind für Sartre weniger wichtig als die allgemeine Struktur des unglücklichen Bewußtseins, denn für ihn ist diese Gestalt die ontologische Struktur des Für-sich-Seins, das keineswegs in eine neue Gestalt übergeht (wie bei Hegel in den Idealismus): die menschliche Wirklichkeit ist »von Natur aus« unglückliches Bewußtsein, »ohne mögliche Überwindung des unglücklichen Zustandes«[12].

In diesem von Hegel vorgezeichneten Rahmen finden die ontologischen Untersuchungen Sartres statt. Die ersten drei Teile von *Das Sein und das Nichts*: »Das Problem des Nichts«, »Das Für-sich« und »Das Für-Andere«, lassen sich als der Versuch auffassen, die Struktur des Selbstbewußtseins, wie Hegel sie entwickelt, zu entfalten:

1. Bei Hegel bewährt das Selbstbewußtsein seine Freiheit im Kampf auf Leben und Tod; es zeigt sich darin als »Negation seiner gegenständlichen Weise«, und das knechtische Bewußtsein erfährt in der Todesfurcht seine Freiheit als seine Möglichkeit. Diese negative Kraft des Für-sich-Seins ist auch für Sartre dessen Freiheit.

2. Die Struktur des Für-sich-Seins ist die Struktur des unglücklichen Bewußtseins.

3. Das Für-sich-Sein ist aber immer nur im Verhältnis zu Anderen zu denken, es ist eine Abstraktion, das einzelne Bewußtsein zu isolieren — das Für-sich-Sein und das Für-Andere-Sein müssen zusammengedacht werden.

Erst alle diese Seiten zusammen ermöglichen ein Verstehen der menschlichen Realität, genauer: des Zusammenhangs von Freiheit und Faktizität. Erst dann ist so etwas denkbar wie die »existentielle Psychoanalyse«.

3. »Das Sein und das Nichts«

Was bedeutet »phänomenologische Ontologie«?

Hegels »Herrschaft-Knechtschaft« übt auf den Leser gewöhnlich eine eigentümliche Faszination aus — gewiß nicht zuletzt wegen seiner Vieldeutigkeit. Wir werden später sehen, welchen Gebrauch Sartre von der »Dialektik der Anerkennung« macht. Zunächst fand er hier die Bestimmung des Für-sich-Seins als Freiheit und der Freiheit als Negation der »gegenständlichen Weise« des Selbstbewußtseins vor. Hieran hält Sartre fest. Aber damit ist noch längst nicht ausgeschöpft, was im Für-sich-Sein enthalten ist: Für-sich-Sein heißt Bewußtsein — und zwar nicht nur Bewußtsein *haben*, sondern auch Bewußtsein *sein*. Denn es gibt für Sartre kein Ich, das ein Bewußtsein als irgendeine besondere Eigenschaft besäße, sondern Ich *ist* Bewußtsein, *ist* seine Eifersucht oder Scham, seine Wahrnehmung, seine Erfahrung. Kurz, es gibt kein Ich, das das Bewußtsein hervorbrächte, sondern umgekehrt, das Bewußtsein bringt erst das Ich als ein Objekt, als einen Gegenstand hervor[1]. Diesen Begriff des Bewußtseins entwickelt Sartre in der Einleitung zu *Das Sein und das Nichts*.

Gewöhnlich betrachtet man das Bewußtsein im Zusammenhang mit der *Erkenntnis* der gegenständlichen Welt als die subjektive Seite eines Ganzen, des erkannten Gegenstandes oder der erkannten Objektivität. Aber jede Theorie der Erkenntnis setzt eine Metaphysik voraus, d. h. Überlegungen darüber, was das ist, das da erkennt oder erkannt wird. Der Idealismus, der vom Primat des Erkennens ausgeht, setzt doch das Sein des Erkennenden voraus, wie der Realismus, der den Primat der gegenständlichen Welt behauptet, das Sein des Erkannten. Sartre sucht eine Position jenseits dieser einseitigen Metaphysiken. Seine »phänomenologische Ontologie« ist dazu bestimmt, die *seienden* Grundlagen des Erkennenden und des Erkannten ausfindig zu machen. Beginnen wir mit der subjektiven Seite, dem Bewußtsein.

Bewußtsein hat zwei mögliche Gegenstandsbereiche: es gibt Bewußtsein der äußeren, öffentlich zugänglichen Welt, das eigentliche Gegenstandsbewußtsein; und es gibt Bewußtsein unserer »Innenwelt«, d. h. von Vorgängen, die anderen nicht zugänglich sind. Manchmal sind dies direkte körperliche Erfahrungen wie Schmerzen, Hitze, Durst, manchmal »seelische« oder »geistige« Erfahrungen wie Heimweh oder Erinnerungen. Worin besteht nun das Bewußtsein als bewußt-sein, als bewußtes Sein?

Zunächst einmal bedeutet sich einer äußeren Sache oder eines inneren Ereignisses bewußt zu sein nicht, daß wir uns auch dessen *bewußt* sind, *daß* wir der äußeren oder inneren Welt bewußt sind — das wäre die Verwechslung von Bewußtsein und Reflexion. Das heißt, wir sind uns einer Situation in der Weise bewußt, daß wir »ganz bei der Sache« sind, aber zwischen Bewußtsein und Sache in diesem Augenblick nicht trennen. Ich zähle Äpfel, aber ich bin mir in diesem Augenblick nicht bewußt, daß Zählen eine bewußte Handlung ist, die ich an den Dingen vornehme. Oder ich habe einen Schmerz, ohne daß ich zwischen Schmerz und Schmerzbewußtsein trennen könnte. Kurz — es gibt eine unreflektierte Weise des Bewußtseins, in der das Bewußtsein funktioniert: das ist das Bewußtsein, das ich bin, nicht habe. Ich bin »ganz Ohr«, ich bin mein Heimweh usw. Sartre nennt diese Weise des (funktionierenden) Bewußtseins »praereflexiv«, und um deutlich zu machen, daß dieses Bewußtsein sich dabei nicht selbst zum Gegenstand macht, sich selbst nicht »setzt«, d. h. nicht Bewußtsein seiner selbst *als* Bewußtsein ist, schreibt er: Bewußtsein (von) sich, im Gegensatz zum gegenstands-setzenden Bewußtsein, sei es von sich selbst (Reflexion) oder von einem äußeren Gegenstand. Aus der Tatsache, daß wir, im Falle des funktionierenden Bewußtseins, »bei der Sache« sind, ergibt sich auch, daß die Sache keineswegs »im Bewußtsein«, Inhalt des Bewußtseins ist; die Sache selbst ist vielmehr bewußtseins-transzendent, ein »Zentrum der Undurchschaubarkeit« für uns. Sie ist in der Welt und wir verhalten uns zu ihr erkennend oder handelnd oder gleichgültig.

Dieses praereflexive Denken, dieses Bewußtsein, das zwar tätig ist, sich selbst aber dabei nicht zum Gegenstand macht, ist demgemäß ein erkennendes Sein, insofern es *ist*, und nicht, insofern es erkannt ist. Es bildet die Basis jeder Erkenntnis, ist aber selbst nicht etwas Erkanntes. Es ist, wie Sartre sagt, der »transphänomenale Grund« der Erkenntnis, einer also, der nicht Phänomen, Erscheinung für das Bewußtsein wird. Aber auch als diese seiende Voraussetzung *ist* das praereflexive cogito *Bewußtsein*, d. h. hier aber Aktivität, Spontaneität. Als Aktivität, als Bewußtsein durch und durch kann dieses praereflexive Denken aber nicht Wirkung von etwas Äußerlichem sein, sonst wäre es, soweit es Wirkung ist, passiv. Das praereflexive Denken bestimmt sich also aus sich selbst, es ist Ursache seiner selbst (causa sui): es begründet sich selbst.

Betrachten wir nun die objektive Seite des Erkenntnisganzen. Auf sie verweist schon der Begriff des Bewußtseins selbst; denn Bewußtsein ist wesentlich »intentional«, es ist objektbezogen: Bewußtsein ist immer Bewußtsein von etwas, und dieses »etwas« muß »bewußtseinstranszendent« sein, sonst wäre Bewußtsein nur Bewußtsein von sich selbst. Woher rührte dann aber die Undurchschaubarkeit des Gegenstandes? Wie könnte das Bewußtsein entdeckend sein? »Wenn man sagt, das Bewußtsein sei Bewußtsein von etwas, so bedeutet das, daß es für das Bewußtsein kein Sein gibt außerhalb dieser strengen Verpflichtung, entdeckende unmittelbare Erkenntnis von etwas zu sein, d. h. von einem transzendenten Sein«[2].

So kommt Sartre zu der ersten Formel des Bewußtseins: »Das Bewußtsein ist ein Seiendes, dem es in seinem Sein um dieses selbst geht, insofern dieses Sein ein Sein in sich einbezieht, das ein anderes als es selbst ist«[3]. Sartre nennt diese Überlegungen den »ontologischen Beweis«: »Das Bewußtsein erwächst ruhend auf einem Sein, das nicht es (das Bewußtsein) selber ist«[4].

So wie die Erkenntnis ein »transphänomenales Sein« voraussetzt, worauf sie beruht — das Sein des Erkennenden, das Sartre als das *praereflexive cogito* identifiziert hat —, so setzt also auch das erkannte Objekt ein transphänomenales Sein voraus, auf dem es beruht. Aber wenn das erkannte Objekt diese beiden Seiten *voraussetzt*, was ist es dann selbst? Das, was erkannt wird, ist keineswegs das Sein der Dinge selber, sondern ihre Erscheinung, die Phänomene. Man darf darunter nicht verstehen: *nur* die Phänomene, so, als ob sie noch ein Wesen in sich verbärgen, das nicht erschiene oder niemals Erscheinung werden könnte. Alles, was das Ding ist, tritt auch in Erscheinung, wenn vielleicht auch nur im Laufe unendlich vieler Beobachtungen. »Phänomen« soll einfach nur bedeuten, daß wir, die Erkennenden, es im Erkennen nicht mit Gegenständen an sich, sondern mit Gegenständen für uns zu tun haben, und daß alles, was wir von ihnen wissen können, sich in einer Beziehung auf uns enthüllen muß. Ob dieses Ding dort als Hindernis oder als Versteck, als weit entfernt oder nah, als groß oder klein usw. entdeckt wird, ergibt sich aus dem jeweiligen Entwurf meiner selbst auf den Umgang mit diesem Ding hin: Erscheinungen haben *Sinn* für mich, sie erscheinen mir *als* etwas.

Erst auf diesem Hintergrund lassen die Sartreschen Überlegungen zur Struktur des Bewußtseins ihre wahre Bedeutung erkennen. Der ontologische Beweis sichert die Bewußtseinsunabhängigkeit des Seins der Phänomene, oder andersherum: die Phänomene (für das Bewußtsein) erwachsen auf einem transphänomenalen Grund. Man muß also genau unterscheiden zwischen dem Sein des Phänomens, dem transphänomenalen An-sich-Sein, das nur ist, was es ist, die reine Seinsfülle, Positivität — und dem Phänomen des Seins: denn das Sein erscheint uns unmittelbar, im Ekel, der Langeweile usw. Man kann dies so verdeutlichen:

transphäno-menales Sein	Phänomen	transphäno-menales Sein
Sein der Phänomene, An-sich-Sein	Phänomen des Seins, Für-uns-Sein	Sein des Bewußtseins, Für-sich-Sein

Bewußtsein und Phänomen sind aufeinander bezogen, das Bewußtsein als intentional und das Phänomen als Erscheinung für ein Bewußtsein. Sie bilden also eine ursprüngliche synthetische Einheit, den Menschen-in-der-Welt: das Konkrete oder eine Ganzheit. Mit der Frage nach dem Sinn dieser Beziehung beginnt Sartre seine phänomenologischen Untersuchungen.

Angst und Freiheit

Wohl keiner hat einfacher und klarer ausgedrückt, was Freiheit ist, als Schopenhauer: »Was heißt Freiheit? Dieser Begriff ist, genau betrachtet, ein negativer. Wir denken durch ihn nur die Abwesenheit alles Hindernden und Hemmenden: dieses hingegen muß, (sich) als Kraft äußernd, ein Positives sein. Der möglichen Beschaffenheit dieses Hemmenden entsprechend hat der Begriff drei sehr verschiedene Unterarten: physische, intellektuelle und moralische Freiheit«[5].

Die *physische* Freiheit ist die Abwesenheit aller äußeren Hindernisse, die die Entfaltung des eigenen Willens hemmen; die Beispiele dafür reichen vom freien Himmel bis zur politischen Freiheit. Ganz allgemein also heißt physische Freiheit: aus seinem Willen handeln können. *Intellektuell* frei ist der Mensch, dessen Handlungen das reine Resultat der Reaktion seines Willens auf Motive sind, die in der Außenwelt vorliegen. Der Intellekt ist das Medium der Motive, und intellektuell frei kann der Mensch nur sein, wenn dieses Medium die Motive unverfälscht und regelrecht an den Willen gelangen läßt (wenn der Mensch zurechnungsfähig ist). Da nun der populäre Begriff der Freiheit, die physische Freiheit, soviel bedeutet wie »dem eigenen Willen folgen«, scheitert die Anwendung dieses Begriffs auf den Willen selbst: denn dann hieße ein freier Wille ein Wille, der sich selbst gemäß ist — was sich von selbst versteht, aber nichts sagt. Um also diesen empirischen Begriff der Freiheit dennoch auf den Willen anwenden zu können, faßte man ihn abstrakter, »indem man durch den Begriff der Freiheit nur im allgemeinen die Abwesenheit aller Notwendigkeit dachte«. Schopenhauer hält demgegenüber auch hier an der Gültigkeit des »Satzes vom zureichenden Grunde« fest: den angeborenen individuellen Charakter vorausgesetzt, wirken die Motive mit Notwendigkeit auf die Handlungen; also ist der Wille nicht frei. »Mit einem Wort: der Mensch tut allezeit nur, was er will und tut es doch notwendig. Das liegt aber daran, daß er schon ist, was er will: denn aus dem, was er ist, folgt notwendig alles, was er jedesmal tut«[6].

Es wäre äußerst lehrreich, Schopenhauers Bestreitung der Willensfreiheit, der moralischen Freiheit, genauer mit Sartres Philosophie zu konfrontieren, denn es gibt vielleicht nichts, gegen das Sartres Philosophie so entschieden und durchgängig ankämpft wie gegen den Determinismus. Es ist naheliegend, gegen die Bestreitung der Willensfreiheit bei Schopenhauer zwei Einwände vorzubringen. Zum einen argumentiert Schopenhauer von der geschehenen Handlung aus: die Tatsache, daß eine Handlung geschehen ist, beweise, daß ein Motiv das andere überwogen habe. Also, schließt er, sei die Handlung notwendig eingetreten. Handlung und notwendig erfolgte Handlung sind für ihn dasselbe. Aber besteht die Freiheit nicht gerade in und bis zu dem Abwägen des Gewichtes der Motive? Der andere Einwand betrifft die Voraussetzung des angeborenen individuellen Charakters: hier setzt Sartre — mit Alfred Adler — an, wenn er von einem »Urentwurf« ausgeht. Der Charakter ist nicht die Voraussetzung des Handelns, sondern das Ergebnis. Alle Komponenten einer Handlung erfahren offensichtlich eine neue Bewertung, wenn man sie im Rahmen dieser Vorstellung sieht.

Wenn wir den Menschen als ein handelndes Wesen ansehen, dann sind in der Idee der Handlung Sinnstrukturen vorausgesetzt, die die Tätigkeit von bloßer Reaktion oder bloßem Verhalten unterscheiden. Es kommt darauf an, den in dieser Unterscheidung vorausgesetzten Sinn von Freiheit herauszufinden. Wenn man den Begriff der Tätigkeit nicht ohne die Annahme eines freien Willens denken kann, dann hätte die Bestreitung des freien Willens die Unanwendbarkeit des Begriffs der Handlung zur Folge — dann hätte noch nie ein Mensch wirklich gehandelt, sondern immer nur reagiert.

Aber wie hätte es ein Begriff, der überhaupt keine Anwendung hat, jemals zu solchen Ehren bringen können? Und was würde sonst noch alles in Mitleidenschaft gezogen werden, wenn wir den freien Willen bestritten: Gut und Böse, Lob und Tadel, Recht und Unrecht! Es kann also nicht sinnvoll sein, sich einen Begriff von Freiheit zu machen, der bei seiner Anwendung auf den Willen versagt, sondern die Aufgabe besteht umgekehrt darin, herauszufinden, was wir voraussetzen, wenn wir Menschen als freie, handelnde, verantwortliche Wesen bezeichnen. Welchen Sinn verbinden wir mit der Vorstellung vom Menschen als tätigem Wesen?

Handeln ist seiner Struktur nach intentional, es ist auf ein Ziel hin gerichtet, um einem empfundenen Mangel abzuhelfen. In seiner einfachsten Form ist es also in die Kette Anlaß-Intention-Akt-Ziel eingebettet. Erst im Rahmen eines Handlungsentwurfs, einer Erwartung und dergleichen kann es so etwas geben wie eine erfüllte Erwartung — die Handlung ist vollendet — oder eine enttäuschte Erwartung — aus der Absicht ist nichts geworden. Erst im Rahmen der mit einer Handlung zusammenhängenden Verhaltensweisen gegenüber der Objektivität gibt es so etwas wie Wissen und Unwissen, erfüllte und unerfüllte Erwartungen, Wahrheit und Falschheit der Behauptungen. In der Erwartungs- oder Fragehaltung also erscheint das »nicht«, die Verneinung, als etwas Objektives, Transzendentes in der Welt. Nur für eine menschliche Erwartung gibt es so etwas wie Veränderung, Zerstörung, Andersheit, Abstoßung, Reue usw., also objektive »négatités«, Negiertheiten. Durch die menschliche Realität erfolgt also erst der Einbruch des Negativen in die positive Fülle des Seins. Nur weil wir einen Zustand vor einem anderen bevorzugen, gibt es Zerstörung — an sich wäre das Zerstörte ein positiver Zustand wie das Heile. Nur weil wir Zustände vergleichend festhalten, gibt es Veränderungen.

Analysieren wir das Frageverhalten genauer. Wir versetzen uns im Zustand des Fragens in einen gleichsam neutralen Zustand hinsichtlich des Ergebnisses: Es kann eintreten oder nicht eintreten. Das Gegebene wird also zu einer Vorstellung,

Alles Wissen ist wirklich unterscheiden.

die zwischen dem Sein und dem Nichts hin und her schwingt (Freud spricht vom Denken als Probehandeln). In dieser Haltung — und das ist entscheidend — löst man sich aber aus dem Griff des Gegebenen, man macht einen Schritt rückwärts. Man kann also das, was eine Frage oder eine Erwartung ist, überhaupt gar nicht verstehen, wenn man nicht die darin enthaltene Loslösung von den Kausalreihen anerkennt, die das Sein konstituieren und die nichts anderes als Sein erzeugen können. Das (nur positive) Sein kann nur positives Sein erzeugen: das ist der Determinismus. Aber eine Frage ist nur verständlich, wenn wenigstens die Möglichkeit einer negativen Antwort besteht.

In der Tat erzeugt eine reale Ursache eine reale Wirkung und das verursachte Seiende ist durch die Ursache ganz und gar in der Positivität verhaftet: in dem Maße, in dem es in seinem Sein von der Ursache abhängt, kann es in sich nicht den kleinsten Keim vom Nichts haben; insoweit aber der Fragesteller in Ansehung des Befragten eine Art von nichtendem Schritt nach rückwärts machen können muß, entgeht er der Kausalordnung der Welt, macht er sich von der Leimrute des Seins los. Das bedeutet, daß er durch eine zweifache Nichtungsbewegung das Befragte in bezug auf sich selbst nichtet, indem er es in einen *neutralen* Zustand zwischen dem Sein und dem Nicht-Sein versetzt — das bedeutet ferner, daß er sich in Ansehung des Befragten selber nichtet, indem er sich vom Sein losreißt, um aus sich die Möglichkeit eines Nicht-Seins hervorgehen lassen zu können. So ist mit der Frage ein gewisses Maß an Negiertheit in die Welt eingeführt worden: wir sehen das Nichts in der Welt und auf den Dingen schillern und schimmern. Aber gleichzeitig entströmt die Frage einem Fragesteller, der sich selbst in seinem Wesen als fragend begründet, sich loslösend vom Sein. Die Frage ist also, ihrer Begriffsbestimmung nach, ein menschlicher Prozeß. Der Mensch stellt sich, wenigstens in diesem Falle, als ein Seiendes dar, das das Nichts in der Welt anbrechen läßt, insofern es sich selbst zu diesem Zwecke mit Nicht-Sein belastet.[7]

Die »menschliche Realität« ist fähig, sich aus dem Zusammenhang mit dem Seienden herauszulösen, sie kann ein Nichts, ein Nein, ein Nicht aus sich hervorbringen. Und genau diese Möglichkeit macht die menschliche Freiheit aus. Zunächst heißt das nur, daß der Mensch im Denken frei ist; denn der »nichtende Schritt nach rückwärts« bedeutet ja zunächst nur, das Gegebene in Vorstellungen zu verwandeln. Wie wir gesehen haben, läßt sich das nicht nach dem Schema Ursache-Wirkung verstehen; den »nichtenden Schritt nach rückwärts« muß das Bewußtsein von sich aus tun, es ist Ursache seiner selbst. Auch die Art und Weise, wie der Bewußtseinsstrom sich fortwälzt, ist nicht nach der Ursache-Wirkung-Relation zu begreifen:

Insoweit ich fortlaufend Negiertheiten benutze, um Daseiendes abzusondern und zu bestimmen, d.h. um es zu denken, ist die Aufeinanderfolge meiner ›Bewußtseinszustände‹ ein ununterbrochenes Sich-Losmachen von der Wirkung in Ansehung der Ursache, da jeder nichtende Prozeß verlangt, seinen Ursprung nur von sich selbst herzuleiten.[8]

Ein Gedanke ist nicht die Ursache des nächsten Gedankens, vielmehr ist jeder Gedanke nur wieder eine neue Entscheidung darüber, woran er anknüpft. Der vorhergehende Zustand kann mich zwar motivieren, aber ich muß mich entscheiden, ob ich ihn als Motiv auffassen will oder nicht. Das bewußte Sein konstituiert sich also in bezug auf seine Vergangenheit selbst als von dieser Vergangenheit geschieden durch ein Nichts: »Fortwährend erlebt sich das Bewußtsein selbst als Nichtung seiner Vergangenheit«[9].

Diese Überlegungen stellen den ersten und vielleicht wichtigsten Schritt auf dem Weg zu einer umfassenden Theorie der Freiheit dar[10]. Eine Analyse der in der Idee der Tätigkeit enthaltenen Sinnstrukturen zeigt, daß wir uns in den Vorstellungen, die wir uns in den Entwürfen machen, von der »Leimrute des Seins« lösen und damit die Kette der Determination unterbrechen. (Man erinnere sich an die Struktur des Für-sich-Seins bei Hegel: das Selbstbewußtsein bewährt seine Freiheit in der Negation des sinnlichen Daseins.)

Zunächst gilt es, sich ein genaueres Bild von den Bewußtseinsprozessen zu machen, in denen sich das nichtende Bewußtsein als Nichtungsbewußtsein erfährt. Gibt es eine solche Erfahrung? Sartre sieht sie in der Angst, die er terminologisch von der Furcht unterscheidet (bei Hegel, der Angst ebenfalls als eine Erfahrung der Freiheit deutet, werden Angst und Furcht nicht unterschieden): Furcht ist »Furcht der Lebewesen vor der Welt ... und die Angst Angst vor mir selbst. Das Schwindelgefühl ist Angst in dem Maße, als ich mich davor fürchte, nicht sowohl in den Abgrund zu fallen, als vielmehr, mich hinabzustürzen«[11]. Nach diesen definitorischen Festlegungen gibt Sartre eine phänomenologische Deutung des Schwindelgefühls, d.h. eine Deutung des Sinnes einer Erscheinung[12]:

Was bedeutet die Angst in den verschiedenen Beispielen, die ich gegeben habe? Nehmen wir das Beispiel des Schwindels. Der Schwindel kündigt sich durch die Furcht an: ich befinde mich auf einem engen Pfad ohne Geländer, der an einem Abgrund hinführt. Der Abgrund bietet sich mir als etwas dar, *das vermieden werden muß*, er veranschaulicht eine Lebensgefahr. Zugleich erfasse ich eine gewisse Zahl von Ursachen, die vom allgemeinen Determinismus abhängen und jene Lebensbedrohung in Tod verwandeln können: ich kann auf einem Stein ausgleiten und in den Abgrund stürzen, der bröckelige Pfad kann unter meinen Schritten in die Tiefe versinken. Durch diese verschiedenen Vermutungen hindurch bin ich mir selbst wie eine Sache gegeben, bin ich in Ansehung dieser Möglichkeiten passiv; sie kommen von außen auf mich zu und soweit ich *auch* ein Ding in der Welt bin und der allgemeinen Anziehungskraft unterworfen bin, sind es nicht *meine* Möglichkeiten. In diesem Augenblick erscheint die *Furcht*, die von der Situation her im Besitz meiner selbst ist, als eines zerstörbaren Transzendenten inmitten von Transzendentem, als ein Gegenstand, der den Ursprung für sein künftiges Verschwinden nicht in sich trägt.

Dies ist also die erste Phase der Erfahrung: Die Furcht enthüllt mir objektive Eigenschaften der Dinge sowie meiner als eines Dinges unter Dingen; aber gefährdet bin ich hier eben als

Körper, als Objekt, nicht als Subjekt; die Möglichkeiten sind nicht meine Möglichkeiten, von mir gewählte oder wählbare.

Die Reaktion wird reflexiver Natur sein: ich ›werde achten‹ auf die Steine im Weg, ich werde mich möglichst weit weg vom Rande des Pfades halten. Ich realisiere mich als einen, der mit allen Kräften die drohende Situation von sich abwehrt, und ich entwerfe mir eine gewisse Anzahl künftiger Verhaltensweisen, dazu bestimmt, die Drohungen der Welt von mir fernzuhalten. Diese Verhaltensweisen sind *meine* Möglichkeiten. Ich entgehe der Furcht auf Grund der Tatsache, daß ich mich auf eine Ebene stelle, wo *meine* eigenen Möglichkeiten sich an die Stelle transzendenter Wahrscheinlichkeiten, in deren Bereich für die menschliche Tatkraft kein Raum war, setzen.

In der zweiten Phase bewirkt das Gefühl der Furcht die Reflexion; ich beginne, die Situation unter dem Gesichtspunkt neu zu bestimmen, was *ich tun* kann. Damit entgehe ich der Furcht: das Nachdenken als »Probehandeln« tritt an die Stelle des Gefühls, der Emotion.

Aber diese Verhaltensweisen erscheinen mir, eben weil sie *meine* Möglichkeiten sind, nicht als durch fremde Ursachen bestimmt. Nicht nur ist es nicht unumstößlich sicher, ob sie erfolgreich sein werden, sondern es ist vor allem nicht unumstößlich sicher, ob sie durchgehalten werden können, denn sie haben von sich aus nicht genug Dasein; ein Wort Berkeleys mißbrauchend, könnte man sagen, ihr ›Sein ist ein Durchgehaltensein‹ und ihre ›Seinsmöglichkeit ist nur ein Durchgehaltensein-Müssen‹. Auf Grund dieser Tatsache ist eine notwendige Bedingung ihrer Möglichkeit die Möglichkeit widersprechender Verhaltensweisen (auf die Steine im Wege *nicht* achten, laufen, an etwas anderes denken) sowie die Möglichkeit gegenteiliger Verhaltensweisen (mich in den Abgrund stürzen). Das Mögliche, das darin besteht, daß ich mein Mögliches tue, kann als mein Mögliches nur erscheinen, indem es sich vom Hintergrund des Insgesamts der logisch möglichen Dinge, die die betreffende Situation enthält, abhebt. Aber auch diese abgewiesenen Möglichkeiten haben kein anderes Sein als ihr ›Durchgehaltensein‹, ich selbst erhalte sie im Sein; umgekehrt ist ihr gegenwärtiges Nicht-Sein ein ›Nicht-Durchgehaltensein-Müssen‹. Kein äußerer Anlaß beseitigt sie. Ich selbst bin ständig die Quelle ihres Nicht-Seins, ich bin in sie verstrickt; um *meine* Möglichkeiten erscheinen zu lassen, setze ich das sonst noch Mögliche, um es zu nichten.

Hier tritt nun gerade die Freiheit der Vorstellungen zutage: die erwogenen Verhaltensweisen sind *meine* Möglichkeiten, und damit nicht von außen bestimmt, sondern von mir entworfen. Aber sie sind auch einander widersprechende Möglichkeiten: ich erwäge sie auf dem Hintergrund, sie nicht zu wählen, das Entgegengesetzte zu tun. Nichts hindert mich ja, mich jetzt hinabzustürzen.

Dies alles würde die Angst nicht hervorrufen, wenn ich mich selbst in meinen Zusammenhängen mit diesem Möglichen wie eine ihre Wirkungen hervorbringende Ursache erfassen könnte. In diesem Falle würde die als mein Mögliches bestimmte Wirkung unumstößlich determiniert sein. Aber es würde dann aufhören, *möglich* zu sein, es würde einfach zukünftig. Wenn ich also die Angst und den Schwindel vermeiden wollte, so würde es genügen, daß ich die Motive (Selbsterhaltungstrieb, vorhergehende Furcht usw.), die mich veranlassen, die betreffende Situation abzuweisen, betrachten kann als mein vorangegangenes Verhalten *determinierend*, und zwar als in der Weise determinierend, in der die Anwesenheit einer gegebenen Masse in einem bestimmten Punkt determinierend ist für die von anderen Massen beschriebenen Bahnen: ich müßte also in mir selbst einen unumstößlichen psychologischen Determinismus erfassen. Aber ich ängstige mich ja eben deshalb, weil meine Verhaltensweisen nur *mögliche* sind, und das bedeutet gerade, daß ich, während ich ein Insgesamt von Motiven *zur* Abwehr dieser Situation errichte, im gleichen Augenblick diese Motive als unzureichend wirksame erfasse.

Die dritte Phase, die Angst, entsteht genau aus dem Bewußtsein heraus, daß ich mich selbst nicht determiniere, daß meine Motive, wie der Selbsterhaltungstrieb, nur Möglichkeiten sind, die ich wählen kann, aber nicht muß.

In dem Augenblick, wo ich mich selbst ergreife, als bestünde ich ganz aus *Schaudern* vor dem Abgrund, habe ich Bewußtsein von diesem Schauder als von einem *nicht Determinierenden* in bezug auf meine möglichen Verhaltensweisen. In dem einen Sinne ruft der Schauder ein vorsichtiges Verhalten herbei, er ist an und für sich Entwurf dieses Verhaltens; in einem anderen Sinne setzt er die späteren Entwicklungen dieses Verhaltens nur als mögliche, eben weil ich den Schauder nicht als *Ursache* dieser späteren Entwicklungen erfasse, sondern als etwas Forderndes, Aufrufendes usw.

In der vierten Phase ruft der Schauder, das Bewußtsein dieser Angst als mich nicht determinierend, vorsichtiges Verhalten hervor. Es ist die zweite Reflexion, die ein bestimmtes späteres Verhalten fordert, aber nicht determiniert. Fassen wir noch einmal zusammen:

Sofern ich mich als Sache oder als Ding in der Welt auffassen kann, fürchte ich mich als jemand, der von außen in Gefahr ist. Daraufhin setzt die Reaktion ein, die reflexiver Natur ist: ich erwäge meine Möglichkeiten, der Gefahr zu entrinnen; aber weil diese Verhaltensweisen meine Möglichkeiten sind, bin ich in Angst, ob ich sie durchhalte; wer weiß, vielleicht entschließe ich mich, mich hinabzustürzen. Ich ängstige mich, weil ich nicht durch meine Motive determiniert bin. Die Furcht richtet sich also auf mich als determiniertes Ding in der Welt; die Reflexion liefert mich einer undeterminierten Zukunft aus, indem sie mir meine Möglichkeiten vor Augen führt; und gerade diese machen deutlich, daß nichts mich zwingen kann, diese Verhaltensweise durchzuhalten. Hierin offenbart sich die zeitliche Struktur meines Seins: ich bin nicht der, der ich sein werde; andererseits bin ich schon, was ich sein werde (sonst wäre ich nicht daran interessiert, dieser oder jener zu sein). So bin ich derjenige, der ich sein werde, in der Weise, er nicht zu sein. Und das Bewußtsein, seine eigene Zukunft zu sein, in der Weise, sie nicht zu sein, ist genau das, was wir Angst nennen.

Die endgültige Verhaltensweise wird aus einem Ich hervorgehen, das ich noch nicht bin. So hängt das Ich, das ich bin, an und für sich von dem Ich ab, das ich noch nicht bin, und zwar genau in dem Maße, in dem das Ich, das ich noch nicht bin, von dem Ich, das ich bin, nicht abhängt. [13]

Sartre hat hier auf eine äußerst subtile und überraschende Weise eine Deutung des bekannten Schwindelgefühls gegeben, das viele Menschen erfaßt, die in einen Abgrund schauen. Und an diesem Beispiel wird auch klar, warum die Angst diese bevorrechtigte Rolle in der Erfahrung des Bewußtseins spielt: die Angst ist in ihrer Wesensstruktur Freiheitsbewußtsein. In ihr wird deutlich, daß eben nichts mich zwingt, auf ein Motiv eine bestimmte Handlung folgen zu lassen. Ganz im Gegenteil: dem Bewußtsein obliegt es, dem Motiv erst Bedeutung zu verleihen. Es gibt ja auch eine Angst vor der Vergangenheit, in der ich die totale Unwirksamkeit vergangener Entschlüsse erfahre:

Er (der Entschluß) ist da, zweifellos, aber erstarrt, unwirksam, überschritten gerade durch die Tatsache, daß ich Bewußtsein von ihm habe. Er ist noch Ich in dem Maße, als ich mein mit mir Identischbleiben durch den Zeitenfluß hindurch fortwährend realisiere, aber er ist nicht mehr Ich aufgrund der Tatsache, daß er für mein Bewußtsein ist. Ich entrinne ihm, er führt den Auftrag nicht aus, den ich ihm gegeben habe. Auch jetzt bin ich es in der Weise, es nicht zu sein. [14]

Man sieht, es ist nicht die Lust, Paradoxien aufzuhäufen, die Sartre zu dieser Sprechweise bringt. Die Eigenart des menschlichen Bewußtseins als zeitlichen, nicht determinierten Bewußtseinsstromes zwingt dazu. Die Freiheit, die sich in der Angst bekundet, ist durch die fortwährende Verpflichtung gekennzeichnet, »das Ich, das das freie Sein bezeichnet, immer wieder hervorzubringen« [15], und zwar »in Situation«, d.h. als Ich, das auf die jeweilige Situation reagiert und ihr angemessen ist.

Von hier aus wird erst eine Überlegung verständlich, die man gewöhnlich als das Herzstück des Existentialismus ansieht: daß die Existenz der Essenz, dem Wesen »vorangeht«. Mit der erneuten synthetischen Wahrnehmung einer Situation muß auch das Ich neu erdacht werden, das diese Situation richtig einzuschätzen weiß, das »in Situation« ist. Dieses Ich

»samt seinem apriorischen und geschichtlichen Gehalt ist das *Wesen* des Menschen. Und die Angst als Bekundung der Freiheit angesichts ihrer selbst bedeutet, daß der Mensch immer durch ein Nichts (néant) von seinem Wesen geschieden ist«[16]. Das heißt, gerade weil ich der Mensch noch nicht bin, der ich sein werde, kann ich nicht wissen, ob der Mensch, der ich gewesen bin, mich in eine bestimmte Richtung hin lenken oder beeinflussen wird. Mein Wesen, das, was ich bin, ergibt sich erst aus dem Ich, als welches ich mich jeweils »in Situation« erfinde. Es ist also in keiner Weise vorherbestimmt, es ist immer — bis zu meinem Tode — »in Aufschub«. Ich *bin* meine freie Wahl und erschaffe somit erst mein Wesen oder den Sinn, den mein Leben für mich hat. In diesem Begriff des Wesens steckt also eine doppelte Richtung: einerseits ist es der Entwurf, den man von sich macht und durch den man sich bestimmt — mein zukünftiges Wesen; und andererseits ist das Wesen das, was man gewesen ist, die Vergangenheit. Wenn Sartre also sagt, daß die Existenz der Essenz vorangehe, so heißt das, daß der Mensch das ist, was er tut, was er aus sich macht.

Und hier erscheint die Angst als Erfassen des Selbst, insofern das Selbst als die Weise eines fortwährenden Entrissenseins von dem, was ist, existiert; mehr noch: insofern es sich wie ein solches existieren läßt. Denn niemals können wir ein ›Erlebnis‹ ergreifen als eine lebendige Konsequenz jener *Natur*, die die unsrige ist. Der Strom unseres Bewußtseins konstituiert diese Natur Schritt für Schritt, aber sie bleibt immer hinter uns, sucht uns als der ständige Gegenstand unseres rückwärts blickenden Verständnisses heim. Soweit diese Natur eine Forderung ist, ohne dabei eine Zuflucht zu sein, wird sie als angstmachend aufgefaßt.
In der Angst ängstigt sich die Freiheit vor sich selbst, insofern sie immer von *nichts* beunruhigt oder behindert wird.[17]

Hier wird deutlich, daß die Angst nicht nur Freiheitsbewußtsein ist, sondern daß es auch eine Angst *vor* der Freiheit gibt. In der Angst ängstigt sich die Freiheit vor sich selbst: denn die

Freiheit kann ihre »nichtende Gewalt« in jedem Augenblick ausüben, ich kann damit meine Möglichkeiten verfehlen, auf die hin ich mich entworfen habe. Angst macht also die Erkenntnis, daß ich es bin, der den Dingen ihre Bedeutung, ihren Sinn verleiht; ich bin es, der den Werten überhaupt so etwas wie Gültigkeit gibt, ihre Anerkennung. Dafür aber kann es keine Rechtfertigung geben, denn das, was rechtfertigte, müßte ja ebenfalls als Wert anerkannt sein. Hier ist die Freiheit also ganz auf sich gestellt.

Einsam und voller Angst tauche ich empor gegenüber dem einzigen und ersten Entwurf, der mein Sein konstituiert, alle Geländer und alle Schutzwehren zerbrechen, genichtet vom Bewußtsein meiner Freiheit: bei keinem Wert habe ich und kann ich eine Zuflucht haben vor der Tatsache, daß ich es bin, der die Werte im Sein hält, nichts kann mich gegen mich selbst sichern; abgeschnitten von der Welt und meinem Wesen durch dieses Nichts, das ich bin, habe ich den Sinn der Welt und meines Wesens zu realisieren: ich entscheide darüber, allein, ich bin ohne Rechtfertigung und unentschuldigt. [18]

Natürlich darf man diese Erfahrung der Freiheit in der Angst nicht so auffassen, als sei sie ein uns ständig umtreibendes Gefühl. Es gibt unzählige Wege, vor dieser Angst zu fliehen oder sie gar nicht erst an sich herankommen zu lassen. Normalerweise befinden wir uns »in Situation«, d. h. wir stecken tief in unseren Unternehmungen und erkennen uns selbst erst aus dem heraus, was wir tun. Wir entdecken uns in einer Welt, die Forderungen an uns stellt, wir entdecken uns mitten in Entwürfen, die sich »auf dem Weg der Verwirklichung« befinden. Alles dieses leitet sich von einem vorangehenden ersten Entwurf meiner selbst her, der »gleichsam meine Erwählung meiner selbst in der Welt« ist [19]. Der »Geist der Ernsthaftigkeit« (esprit de sérieux) beherrscht das alltägliche Leben, in dem Werte, Forderungen, der ganze Sinn der Welt verdinglicht gegeben sind. Dadurch ist so etwas wie die »ethische Angst« ausgeschlossen, die Angst davor, ohne Rechtfertigung die Werte begründen zu müssen. Es gibt eine Flucht vor der

Angst in den Determinismus, sei es in der Form der Annahme einer menschlichen Natur (der psychologische Determinismus), sei es in der Art der Verdinglichung des eigenen Wesens: ich versichere dann, daß ich mein Wesen bin in der Seinsweise des An-sich, ich verhalte mich zu mir selbst wie ein Anderer, verdingliche also mein Ich selbst zu einem kleinen »Gott«, der in mir wohnt und seine Freiheit wie eine Eigenschaft besitzt. Die häufigste Art der Flucht ist jedoch der Selbstbetrug, den Sartre »mauvaise foi« nennt, eigentlich das Gegenstück zum »guten Glauben«, in dem man etwas tut[20], also »nicht in gutem Glauben«: »schlechter Glaube« wäre also die exakte, wenn auch nicht gerade schöne Übersetzung – in der Regel wird es heute mit »Unwahrhaftigkeit« wiedergegeben. Ein Beispiel »schlechten Glaubens« bieten Luciens Abenteuer mit Bergère oder Mauds Verhältnis zu Lucien. Sartre gibt in *Das Sein und das Nichts* folgendes Beispiel[21]:

Da ist zum Beispiel eine Frau, die zu einem ersten Rendezvous geht. Sie kennt sehr genau die Absichten, die der Mann, der mit ihr spricht, in bezug auf sie hat. Sie weiß auch, daß sie sich früher oder später irgendwie entscheiden muß. Aber sie will von dem Drängen nichts merken: sie hält sich allein an das, was die Haltung ihres Partners an Respektvollem und Zurückhaltendem sehen läßt. Sie faßt dieses Verhalten nicht als einen Versuch auf, das ins Werk zu setzen, was man ›die ersten Annäherungen‹ nennt, das heißt, sie will die Möglichkeiten zeitlicher Fortentwicklung nicht sehen, die diese Haltung in sich trägt: sie schränkt dieses Benehmen auf das ein, was es in der Gegenwart ist, sie will aus den Worten, die man an sie richtet, nichts anderes heraushören als ihren offenbaren Sinn; wenn man zu ihr sagt: ›Ich bewundere Sie so sehr‹, so nimmt sie diesem Satz seinen sexuellen Hintergrund, sie legt dem Gespräch und dem Benehmen ihres Partners unmittelbare Bedeutung bei, die sie wie objektive Eigenschaften betrachtet. Der Mann, der mit ihr redet, erscheint ihr aufrichtig und respektvoll, so wie der Tisch rund oder viereckig, so wie die Wand blau oder grau gemalt ist. Und die Eigenschaften, die in dieser Weise der Person, der sie zuhört, beigelegt worden sind, erstarren zu einer dinglichen Fortdauer, die nichts anderes ist als die Projektion ihrer strikten Gegenwart auf den zeitlichen Ablauf.

Menschliche »Eigenschaften« sind ihrer Struktur nach etwas ganz anderes als dingliche Eigenschaften; sie sind eben nicht starr, sondern beruhen auf Entscheidungen, sie haben eine zeitliche Struktur. Ein Mensch »ist« nicht aufrichtig und respektvoll, sondern er verhält sich so »in Situation«.

Sie weiß also nicht über das Bescheid, was sie wünscht: sie ist zutiefst empfänglich für die Begierde, die sie erregt, aber diese rohe und unverhüllte Begierde würde sie erniedrigen und würde bei ihr Abscheu hervorrufen. Indessen würde sie nichts Reizvolles an einem Respekt finden, der einzig und allein Respekt wäre. Um sie zufriedenzustellen, bedarf es eines Gefühls, das sich ungeteilt an ihre *Person* wendet, das heißt an ihre vollkommene Freiheit, und das eine Anerkenntnis ihrer Freiheit ist. Aber gleichzeitig muß dieses Gefühl ganz und gar Begierde sein, das heißt, es muß sich an ihren Körper als Gegenstand der Begierde wenden. In unserem Falle weigert sie sich also, die Begierde als das aufzufassen, was sie ist, sie gibt ihr nicht einmal einen Namen, sie erkennt sie nur in dem Maße, in dem die Begierde sich in Richtung auf die Bewunderung, die Hochschätzung, den Respekt transzendiert und in dem sie keine andere Rolle spielt als die einer Art von Wärme und Verdichtung der Situation.

Die Frau empfindet sich als Ding *und* als Person, als Körper *und* Seele, als An-sich *und* Für-sich. Aber sie gesteht sich nicht ein, daß sie auch als an-sich-seiend begehrt sein *will*.

Aber jetzt ergreift man ihre Hand. Diese Handlung ihres Gesprächspartners enthält die Gefahr, die Situation zu verändern, indem sie zu einer unmittelbaren Entscheidung aufruft: dem Manne diese Hand überlassen heißt, dem Flirt von sich aus zuzustimmen, sich darin zu engagieren. Sie zurückziehen heißt, die unklare und schwankende Harmonie zerstören, die den Reiz der Stunde ausmacht. Es kommt darauf an, den Augenblick der Entscheidung soweit wie möglich hinauszuschieben. Man weiß, was nun geschieht: die junge Frau überläßt ihm ihre Hand, aber *sie merkt nicht*, daß sie ihm überläßt. Sie merkt es nicht, weil es sich zufällig so fügt, daß sie in diesem Augenblick ganz Geist ist. Sie reißt ihren Partner mit fort bis in die höchsten Höhen empfindsamer Spekulation, sie redet vom Leben im allgemeinen, von ihrem Leben im besonderen; sie zeigt sich von ihrer wesenhaften Seite: eine klare bewußte Persönlichkeit. Und inzwischen vollendet sich die Trennung von Leib und Seele; die Hand ruht regungslos zwischen den warmen Händen ihres Partners: weder zustimmend noch widerstrebend — eine Sache.

Die Unwahrhaftigkeit liegt hier darin, daß man einen widersprüchlichen Begriff bildet, nämlich sich und den Anderen zugleich als Sache und als frei zu betrachten, die zweifache Eigenschaft des menschlichen Seins, Faktizität und Transzendenz, nicht zu koordinieren, sondern je nach Bedarf eine von ihnen in den Vordergrund zu stellen. Die Frau betrachtet ihren Partner und sich sowohl als Dinge, denen etwas zustößt, wie auch als freie, als sich transzendierende Wesen. Es ist ein freiwilliger, bewußter Verzicht auf den Gebrauch der Freiheit und der Verantwortung.

Es gibt eine andere Art des »schlechten Glaubens«, sich für die anderen zu einem »Ding« zu machen. Der Kaffeehauskellner, der seine »Rolle« als Kellner spielt, macht sich damit für andere zum «Kellnerding«, das er zu sein hat und doch nicht ist: Man kann eine Rolle nur spielen, in der Weise, das zu sein, was man nicht ist.

Betrachten wir diesen Kaffeehauskellner. Er hat rasche und sichere Bewegungen, ein wenig allzu bestimmte und ein wenig allzu schnelle, er kommt ein wenig zu rasch auf die Gäste zu, er verbeugt sich mit ein wenig zuviel Beflissenheit, seine Stimme und seine Blicke drükken eine Interessiertheit aus, die ein wenig zu sehr von Besorgnis um die Bestellung des Kunden in Anspruch genommen ist; dort kommt er zurück und versucht durch seine Art, zu gehen, die unbeugsame Härte irgendeines Automaten nachzumachen, während er gleichzeitig sein Tablett mit einer Art Seiltänzerkühnheit trägt, wobei er es in einem fortwährend labilen und fortwährend gestörten Gleichgewicht hält, das er mit einer leichten Bewegung des Armes oder der Hand fortwährend wiederherstellt. Seine ganze Verhaltensweise sieht wie ein Spiel aus. Er läßt es sich angelegen sein, seine Bewegungen aneinanderzureihen, als wären sie Mechanismen, die sich gegenseitig antreiben, auch sein Gesichtsausdruck und seine Stimme wirken mechanisch; er legt sich die erbarmungslose Behendigkeit und Schnelligkeit einer Sache bei. Er spielt, er unterhält sich dabei. Aber wem spielt er etwas vor? Man braucht ihn nicht lange zu beoachten, um sich darüber klar zu werden: er spielt, Kaffeehauskellner *zu sein.* [22]

Man erinnert sich an Sartres Beschreibung des Antisemiten: »Er ist ein Mensch, der Angst hat ...«. Von den Überlegungen aus, die sich an die Angst als Bewußtsein der Freiheit knüpfen, wird verständlich, welche Bedeutung es hat, daß der Antisemit ein »unerbittlicher Felsen, ein reißender Sturzbach, ein verheerender Blitz — alles, nur kein Mensch sein will«. In der Wahl seiner selbst als eines Dinges entgeht er der Verantwortung dafür, der Welt, den Werten, den Dingen einen Sinn zu geben. Die Angst, ein Mensch zu sein, ist in der Tat mit der Struktur unseres Bewußtseins verknüpft; man kann versuchen, ihr zu entkommen, indem man sich in den »schlechten Glauben« stürzt — das ist das Thema von *Das Sein und das Nichts* — oder indem man sich zu einer »radikalen Umkehr« entschließt und dem »Geist der Ernsthaftigkeit« abschwört [23]. Es muß deutlich betont werden, daß Sartre »die Möglichkeit einer Erlösungs- und Heilsmoral« nicht ausschließt [24]; nur ist dies nicht das Thema von *Das Sein und das Nichts*! Vielmehr sind hier die unwahrhaftigen Verhaltensweisen, die »mauvaise foi«, der Gegenstand. Die allermeisten Kritiker Sartres, vor allem die christlicher und marxistischer Provenienz, haben das übersehen.

Das unglückliche Bewußtsein

Lucien spielt, Lucien zu sein, der Kaffeehauskellner spielt, Kaffeehauskellner zu sein — »es gibt den Tanz des Kolonialwarenhändlers, des Schneiders, des Auktionators, durch den sie ihre Kundschaft davon zu überzeugen sich bemühen, daß sie weiter nichts sind als ein Kolonialwarenhändler, ein Schneider, ein Auktionator«[25]. Sie spielen Komödie, allerdings nicht bloß irgendeine beliebige Komödie, sondern eine »realisierende« Komödie. Lucien, der Kellner und alle anderen verwirklichen sich in dieser Komödie selbst, so weit das möglich ist. Aber wie weit ist es möglich? Das Kellner- oder Schneidersein macht ebensowenig das Wesen dieses Kellners, dieses Schneiders aus wie die »Rolle«, Lucien zu sein, das Wesen Luciens. Sie sind es, sie spielen alle diese Rolle, aber sie sind, was sie spielen, nicht in der Form der Identität mit sich — immer sind sie es in der Form eines Abstandes davon. Das Bewußtsein, diese Rolle zu spielen, Lucien zu sein, ist genau dieser Abstand zu sich, der für das Für-sich-Sein charakteristisch ist. Deshalb kann Sartre sagen: »Das Für-sich ist das Sein, das sich selbst dazu bestimmt, insofern zu existieren, als es nicht mit sich selbst koinzidieren kann«[26].

Dieses Für-sich, das die Komödie seines Seins spielt, ist eben das »unglückliche Bewußtsein«, das Sartre in Hegels *Phänomenologie des Geistes* vorfand, allerdings »ohne mögliche Überwindung des unglücklichen Zustandes«. Weil das Für-sich von Natur aus unglückliches Bewußtsein ist, spielt es die realisierende Komödie seiner selbst. Wir sahen, daß das unglückliche Bewußtsein das Bewußtsein jenes Widerspruchs innerhalb desselben Bewußtseins war, der ursprünglich an Herr und Knecht verteilt war: nämlich zwischen dem reinen Für-sich-Sein, das sich als Negation »seiner gegenständlichen Weise« verstand, dem reinen Selbstbewußtsein also; und dem »dinglichen« Bewußtsein, das sich in der Abhängigkeit vom dinglichen Sein wußte. Eben diese Doppelheit des Bewußtseins und das Bewußtsein davon kennzeichnen auch das »unglückliche Bewußtsein« Sartres.

Wenn ich wütend bin, so muß ich die Komödie der Wut spielen, weil man nicht wütend sein kann ohne das Bewußtsein, wütend zu sein. Aber als Bewußtsein von der Wut bin ich schon im Abstand zu ihr, ich bin nicht diese Wut, ich bin sie nicht in der Form der Identität. Wenn ich leide, spiele ich die Komödie des Leidens, »ich verrenke meine Arme, ich schreie, damit Wesenheiten an sich, Töne, Gesten, durch die Welt eilen, gehetzt von dem Schmerz an sich, der ich nicht sein kann«[27]. Das Für-sich wählt oder erschafft sich als Wut oder als Leidbewußtsein –, aber es kann sich niemals als dieses erreichen, da es immer im Abstand von sich ist. Es ist die Suche nach einer Koinzidenz mit sich – Hegels »einfaches, unwandelbares, sichselbstgleiches Bewußtsein« – und das Verfehlen dieser Koinzidenz, weil es als Abstand von sich ist. Und dieses Scheitern ist in der Tat unabwendbar. Wäre das Bewußtsein ganz das, was es ist, wäre es »Fels, Sturzbach oder Blitz«, d. h. ein Ding, dann wäre es an sich, aber nicht für sich, es wäre nicht die Einheit von An-sich-Sein und Fürsich-Sein, kein An-sich-für-sich.

Der Versuch aber, an sich und für sich zugleich zu sein, ist in sich widersprüchlich. Denn die Positivität des An-sich und die Negativität des Für-sich sind unvereinbar. Ein solches Sein wird in den Religionen im Begriff Gottes gedacht, als eines Wesens, das die Ursache seiner selbst ist. »Ist Gott nicht sowohl ein Sein, das ist, was es ist – als auch ein Sein, das nicht ist, was es ist, und das ist, was es nicht ist, insofern es Selbstbewußtsein und notwendiger Grund seiner selbst ist?«[28]. Dieser Begriff ist aber eben darin widersprüchlich. Denn wenn Gott die Ursache seiner selbst ist, kann er nicht notwendig sein. Um sich nämlich zu verursachen, muß er – wie auch immer – schon sein. Nun würde dieser Gott-als-Ursache, der dem Gott-als-verursacht vorangeht, selbst nicht verursacht sein können. Er wäre ohne Ursache und damit zufällig, während doch der Begriff Gottes der eines absolut notwendigen Wesens ist, d.h. eines Wesens, dessen Nicht-Existenz undenkbar ist. Der Mensch also, der versucht, an-sich-für-sich zu sein, versucht, Gott zu sein. Dieser Versuch muß aufgrund seiner Widersprüchlichkeit scheitern, dieser Versuch ist »eine nutzlose Leidenschaft«[29]. Sartres »existentielle Psychoanalyse« soll gerade dazu verhelfen, die Nutzlosigkeit dieses Versuches einzusehen — die Leidenschaft ist zwar unveränderlich mit der Natur unseres Selbstbewußtseins gegeben, das heißt aber nicht, daß wir sie nicht erkennen und uns andere Ziele setzen können[30].

Von hier aus läßt sich verstehen, warum Sartre sagt, wir seien dazu »verdammt« oder »verurteilt«[31], frei zu sein. Wir haben uns als dieses Bewußtsein nicht erwählt, weder meine Zugehörigkeit zu meiner Familie noch die zu meiner Klasse, zu meinem Volk u.ä. steht zu meiner Disposition — als Faktum. Genau genommen muß man sagen: daß es überhaupt ein Bewußtsein gibt, ist ein kontingentes Faktum; dafür, daß es ist, ist es nicht sein eigener Grund. Sartre geht so weit zu sagen, das Erscheinen des Bewußtseins verweise auf »ein Bemühen eines An-sich«, sich zu gründen[32] — so wie man sagen kann, das menschliche Bewußtsein sei die Anstrengung der Natur, sich ihrer selbst bewußt zu werden, ihre Gesetze, ihr An-sich-Sein, im menschlichen Bewußtsein zu entziffern.

Das Erscheinen des Für-sich ist also zwar ein »absolutes Ereignis«. Aber mit diesem Ereignis selber beginnt die Unausweichlichkeit der freien Wahl. Diese freie Wahl ist immer der Versuch, zu einer Totalität zu gelangen, zu einer Koinzidenz mit sich, die als der höchste Wert aufgefaßt wird[33]; oder, negativ ausgedrückt, es ist der Versuch, einen als Mangel empfundenen Zustand zu einer Totalität zu ergänzen, meine Möglichkeiten zu verwirklichen. Und diese Koinzidenz mit sich selber kann niemals erreicht werden, ohne daß nicht genau das aufgegeben wird, was das Bewußtsein ausmacht, die Nicht-Identität.

In dieser Struktur des Für-sich liegt auch der Ursprung seiner Zeitlichkeit: als kontingentes Faktum findet das Für-sich sich vor; es ist seine Vergangenheit, indem es sie übernimmt. Es ist, was es gewesen ist. Es ist seine Gegenwart als Anwesenheit bei der Welt. Und es ist seine Zukunft im Hinblick auf die Möglichkeit, sie nicht zu sein (man denke an das Gefühl des Schwindels). Von daher rührt jene Angst, die oben beschrieben wurde. Diese Angst ist Bewußtsein der Freiheit, die sich darin ängstigt, weil sie sich selbst ihre eigene Grenze ist. »Frei sein heißt, zum Freisein verdammt zu sein«[34].

Von der Struktur des Für-sich, des unglücklichen Bewußtseins aus fällt noch einmal Licht auf die »Metamorphose« Luciens, ihre zeitliche Struktur, auf die Übernahme seiner Rolle als »Chef«, auf seinen »Geist der Ernsthaftigkeit«, der die Werte verdinglicht, auf seine festen »Überzeugungen«. Aber eine Seite von Luciens Verwandlung harrt noch der Aufklärung, nämlich seine Erkenntnis, den wahren Lucien müsse man »in den Augen der anderen« suchen. Welche Rolle spielen die Anderen in der Welt, die ihr Sein und ihren Sinn vom Für-sich erhält, die es nur »gibt«, weil das Für-sich sie »sein läßt«? Existiert der Andere auch nur, weil ich ihn »sein« lasse, ergibt sich seine Existenz aus der ontologischen Struktur des Für-sich (so wie sich das An-sich aus der intentionalen Struktur des Bewußtseins ergibt)? Diese Frage erörtert Sartre im dritten Teil von *Das Sein und das Nichts*.

Das Für-Andere-Sein

Die menschliche Realität, das menschliche Dasein ist in einem ursprünglichen Sinn sozial oder ein Für-Andere-Sein. Der Andere tritt nicht sozusagen additiv zu einer in sich ruhenden, für-sich-seienden Wirklichkeit des einzelnen hinzu, sondern es gibt ein ursprüngliches Mit-dem-Anderen-verkoppelt-Sein. Sartre analysiert dieses Verhältnis von Für-sich und Für-Andere am Beispiel der Scham — keinem beliebigen Beispiel, wie man sehen wird. Auch der Sündenfall-Mythos setzt die Scham an den Anfang der eigentlichen Menschwerdung.

1. Im Schamgefühl schäme ich mich dessen, was ich bin.

2. Ich schäme mich vor jemandem; das heißt, in der Reflexion auf mich selber finde ich das Urteil eines Anderen vor, der sich zwischen mich und mich selbst schiebt und mir auf diese Weise ermöglicht, über mich selbst wie über einen Gegenstand zu urteilen.

3. Ich anerkenne dieses Urteil als Ausdruck dessen, was ich bin. Ich akzeptiere, daß ich bin, wie der Andere mich sieht.

4. Der Andere als Zeuge legt mich auf einen neuen Seinstyp fest, der aus dem Für-sich-Sein nicht herleitbar ist: das unmittelbare, unreflektierte Sein-für-Andere, für das ich dennoch verantwortlich bin.

Das Schamgefühl ist also einerseits ein nicht-setzendes Bewußtsein (von) sich selbst, ein »Erlebnis« im Sinne einer strukturierten Erfahrung des Bewußtseins, andererseits aber kein reines Reflexionsphänomen, denn es ist angewiesen auf die Gegenwart Anderer. Es offenbart mir ein Sein, das *mein* Sein ohne mein Für-mich-Sein ist. Ich brauche den Anderen, damit ich alle Strukturen meines Seins erfassen kann. Der Andere taucht als der notwendige Mittler zwischen mir als Für-mich-Sein und mir selbst als Gegenstand auf. Durch den Anderen werde ich mir selbst anschaulich. (Die auffälligen

Ähnlichkeiten dieser Theorie mit der G. H. Meads, den Sartre nicht kannte, rühren von der gemeinsamen Quelle her, Hegels *Phänomenologie des Geistes.*)

Sartre analysiert die in der Scham und anderen »Erlebnissen« enthaltenen Sinn-Strukturen des Seins-für-Andere in großer Ausführlichkeit im Abschnitt über den »Blick« (*le regard*)[35]. Wir greifen die für unseren Zusammenhang wichtigsten Strukturen auf.

Die Schwierigkeit, der sich jede Theorie der Fremdexistenz gegenübersieht, entsteht aus der Tatsache, daß mir der Andere primär als ein Objekt gegenüberzustehen scheint: »Diese Frau, die ich auf mich zukommen sehe, dieser Mann, der auf der Straße vorübergeht, dieser Bettler, den ich vor meinem Fenster singen höre, sind für mich *Objekte*, daran besteht kein Zweifel«[36]. Andererseits ist ebenso unzweifelhaft »die Anwesenheit des Anderen in Person«. Eine Theorie, die mit dem Anderen als Objekt beginnt, macht ihn zu einem Objekt der Erkenntnis, das, wie das Objekt jeder Erkenntnis, nur eine Hypothese bleibt. Von hier aus läßt sich also die unzweifelhafte Existenz des Anderen als Person nicht verstehen; das ursprüngliche »Mit-dem-Anderen-verkoppelt-Sein« wäre nicht denkbar, wenn der Andere zunächst nur wie ein Objekt unter Objekten im Felde meiner Wahrnehmung auftauchte. Aber wenn wir als ursprüngliches Verhältnis die Beziehung zum Anderen als Subjekt annehmen, entzieht er sich als Subjekt gerade meiner — vergegenständlichenden — Erkenntnis. Wie kommt man aus diesem Dilemma heraus? Wir können das Problem so präzisieren: »Gibt es in der alltäglichen Wirklichkeit ein ursprüngliches Verhältnis zum Anderen, das ständig beobachtet werden und das sich infolgedessen mir entdecken kann, und zwar außerhalb jeder Beziehung auf etwas religiös oder mystisch Unerkennbares?«[37]. Was bedeutet es, einen Menschen als Objekt und trotzdem auch als Menschen, als Subjekt zu erfassen? Was will man sagen, wenn man von einem Objekt sagt, es sei ein Mensch?

Objekte werden von mir, von meiner Seite aus zu werkzeughaften Komplexen gruppiert und synthetisiert; ich bin als Subjekt das Zentrum einer auf mich hin ausgerichteten, im Rahmen meiner Entwürfe gedeuteten Welt. Subjekt sein heißt Zentrum einer Welt von Objekten sein, die ich »sein lasse«, die Phänomene für mich sind. Einen Menschen als Objekt wahrzunehmen hieße, ihn auf dieselbe Weise in meine Welt einzuordnen wie alle anderen Dinge, ihn denselben Kategorien zu unterwerfen wie Dinge, ihn auf mich auszurichten. Aber dieses Objekt als Menschen wahrzunehmen bedeutet die Erfahrung, daß dieser Mensch selber Zentrum einer Welt ist, daß ich in seinem Mikrokosmos nur am Rande auftauche, daß die Welt auf ihn hin ausgerichtet, meine Welt dagegen dezentriert ist. Die Welt enthält plötzlich einen Sinn, der nicht der meine ist. Der Andere als Objekt-Mensch sieht, was ich sehe, und ich weiß, daß er die Welt so auf sich ausrichtet wie ich die meine auf mich. Daraus ergibt sich aber auch, daß meine Beziehung zum Anderen als *Subjekt* auf die ständige Möglichkeit zurückgeführt werden kann, daß ich von ihm gesehen werde, also in seinem Mikrokosmos als Objekt auftauche. Durch den Blick, den er auf mich richtet, erfahre ich ihn als Subjekt, nicht als Objekt (was soweit geht, daß ich im Erblicktwerden zwar seinen Blick, nicht jedoch seine Augen wahrnehme). Ich bin im Erblicktwerden gegenständlich geworden — was sich nur aus der Tatsache erklären läßt, daß der Andere Subjekt ist. Für ein Objekt wäre ich sowenig gegenständlich wie ich es für mich selbst bin, denn Gegenstände sind ja gerade das, was ich nicht bin. Für mich selbst dagegen bin ich immer nur, was ich nicht bin und nicht, was ich bin. Ich kann also mein Gegenstand-Sein nur dank dieses irreduziblen Faktums, daß ich vom Anderen gesehen werde, erfahren. Der Blick ist jene alltägliche Erfahrung, in der ich dem Anderen als Subjekt begegne. Der Blick hat das Eigentümliche, mich auf mich selbst als Objekt zu verweisen, er ist das Mittelglied zwischen mir als Subjekt und mir als Objekt.

Wir müssen versuchen, den Sinn dieses Blicks aufzuklären[38].

Nehmen wir an, ich sei aus Eifersucht, aus Neugier oder lasterhafterweise so weit gekommen, mein Ohr an eine Tür zu legen oder durch ein Schlüsselloch zu spähen. Ich bin allein und befinde mich auf der Ebene des nichtsetzenden Bewußtseins (von) mir. Das bedeutet zunächst, daß es kein Ich gibt, das mein Bewußtsein bewohnen könnte. Es gibt also nichts, zu was ich meine Akte in Beziehung setzen könnte, um sie näher zu bestimmen. Sie werden in keiner Weise *erkannt*, aber *ich bin sie*, und auf Grund dieser Tatsache tragen sie ihre vollkommene Rechtfertigung in sich. Ich bin reines Bewußtsein *der* Dinge, und die in den Umkreis meiner Selbstheit hineingenommenen Dinge bieten mir ihre Wirkfähigkeiten dar als Antwort meines nichtsetzenden Bewußtseins (von) meinen eigenen Möglichkeiten. Das bedeutet, daß hinter dieser Tür ein Schauspiel als ›zu sehen‹ geboten wird, eine Unterhaltung als ›zu hören‹. Die Tür und das Schloß sind Hilfsmittel und Hindernisse zugleich: sie stellen sich dar als ›mit Vorsicht zu handhaben‹; das Schloß bietet sich als etwas an, ›was man von der Nähe und etwas von der Seite zu betrachten hat‹ usw.

Diese ganze Stelle ist eine sehr klare Darstellung des »praereflexiven cogito«. Hier bin ich ganz bei der Sache, und daß *ich* es bin, der handelt, ist selbst nicht Gegenstand meines Bewußtseins. Ich bin mir selbst nicht der so und so Handelnde und also auch nicht der Träger von Absichten, Gegenstand von Beurteilungen usw. Dennoch *bin ich* alle diese Handlungen; das was ich bin, drückt sich in diesen Handlungen aus (man vergleiche hiermit die erste Phase der Erfahrung im Beispiel des Schwindelgefühls). Die Dinge enthüllen ihren Sinn als Antwort auf meine Haltung.

Nunmehr ›tue ich, was ich tun muß‹; keine transzendente Schau verleiht meinen Akten den Charakter des *Gegebenen*, über das ich ein Urteil fällen könnte: mein Bewußtsein haftet an meinen Akten, es *ist* meine Akte, sie werden nur von dem zu erreichenden Ziel und von den anzuwendenden Hilfsmitteln geleitet. Meine Haltung zum Beispiel hat keine ›Außenseite‹, sie ist reine Inbezugsetzung des Hilfsmittels (Schlüsselloch) zu dem zu erreichenden Ziel (Schauspiel, das zu sehen ist), eine reine Art und Weise, mich in der Welt zu verlieren, mich von den Dingen aufsaugen zu lassen wie die Tinte von einem Löschblatt, damit sich ein auf ein Ziel hingeordneter Zeugkomplex synthetisch von dem Grunde der Welt abheben kann.

Soweit hier kein Ich gegeben ist, das handelt, erscheint die Handlung als notwendig ablaufender Prozeß ohne Akteur: die Handlung wird nicht selbst zum Gegenstand einer Beurteilung, sie wird nicht transzendiert.

Die Reihenfolge ist umgekehrt wie bei der Kausalreihe: das zu erreichende Ziel ordnet die Momente zusammen, die ihm vorhergehen; das Ziel rechtfertigt die Mittel, die Mittel bestehen nicht für sich selbst und nicht außerhalb des Zieles. Das Ganze existiert übrigens nur in bezug auf einen freien Entwurf meiner Möglichkeiten: gerade die Eifersucht als eine Möglichkeit, die ich *bin*, gestaltet jenen Zeugkomplex, indem sie ihn auf sich selbst hin transzendiert.

Sartre betont hier den nicht-kausalen, vielmehr teleologischen Charakter der Situation. Ich bin durch meine Eifersucht nicht determiniert, durchs Schlüsselloch zu gucken; sondern weil ich mich als Eifersüchtigen gewählt habe, gibt es überhaupt erst die Situation eines zielgerichteten Handelns.

Aber diese Eifersucht *bin* ich nur, ich erkenne sie nicht. Nur der weltliche Zeugkomplex könnte mich über sie belehren, wenn ich ihn betrachtete, anstatt ihn zu gestalten.

Könnte ich den Blick von außen auf die Situation werfen und mein eigenes Verhalten in Zusammenhang mit den Dingen der Umgebung und dem Schauspiel betrachten, dann würde ich erkennen, was ich jetzt nur »erlebe« oder nur bin, ohne den Abstand, der das Bewußtsein *von* etwas ist.

Dieses Ganze in der Welt mit seiner zweifachen und umgekehrten Bestimmtheit — es gibt nur deshalb ein Schauspiel hinter der Tür *zu sehen*, weil ich eifersüchtig bin, aber meine Eifersucht ist nichts, sie sei denn der einfache objektive Tatbestand, daß es hinter der Tür ein Schauspiel *zu sehen gibt* — nennen wir *Situation*. Diese Situation spiegelt mir meine Faktizität und zugleich meine Freiheit wider; bei

Gelegenheit einer bestimmten objektiven Struktur der mich umgebenden Welt wirft sie meine Freiheit auf mich zurück, und zwar in Gestalt freiwillig durchzuführender Aufgaben; es gibt da keinen Zwang, denn meine Freiheit frißt an meinen Möglichkeiten, und die Wirkfähigkeiten der Welt zeigen sich an und bieten sich dar nur in Wechselwirkung zu ihr.

Die Durchdringung von Freiheit und Faktizität zeigt sich in der doppelten Situationsbeschreibung: das zu sehende Schauspiel ist objektiv — aber eben nur für ein eifersüchtiges Bewußtsein, für das das Schauspiel einen Sinn hat. Und es hat einen Sinn, weil das Bewußtsein sich als eifersüchtiges gewählt hat. Es muß etwas tun — aber das ist kein Zwang, der von außen käme, sondern ein Element seiner Wahl. Ich habe in Freiheit meine Möglichkeiten eingeschränkt auf das Eifersüchtig-sein; und aus dieser Wahl heraus erscheint mir die Welt als ganz bestimmte.

Deshalb kann ich mich in Wirklichkeit nicht definieren als in Situation *seiend*: erstens weil ich kein setzendes Bewußtsein meiner selbst bin, zweitens weil ich mein eigenes Nichts bin. In diesem Sinne — und weil ich ja bin, was ich nicht bin, und nicht bin, was ich bin — kann ich mich nicht einmal definieren als einer, der wirklich auf dem Wege *ist*, an Türen zu lauschen, ich entziehe mich einer solchen vorläufigen Definition meiner selbst mittels meiner ganzen Transzendenz; hier liegt, wie wir gesehen haben, der Ursprung der Unwahrhaftigkeit; so kann ich mich also nicht nur nicht *erkennen*, sondern mein Sein selbst entgeht mir — obwohl ich ja dieses meinem Sein Entgehen *bin* —, und ich bin nichts ganz; es gibt *da* weiter nichts als ein reines Nichts, das ein bestimmtes objektives, sich in der Welt abzeichnendes Ganzes, ein reales System, eine Anordnung von Mitteln in Hinblick auf ein Ziel umgibt und entstehen läßt.

Weil sich hier alles gleichsam objektiv abspielt, weil ich zwar meine Eifersucht *bin*, mich aber nicht als eifersüchtig *erkenne*, kann ich mich selbst auch nicht als eifersüchtig definieren. Ich bin nicht jemand, der an Türen lauscht; ich bin meine Eifersucht, ein freier Entwurf meiner selbst; aber ich bin nicht eifersüchtig »in Situation«: um mich so zu bestimmen, fehlt

mir der Abstand zu mir. Was ich *bin*, entgeht mir. Und insofern ich für mich nichts bin (ich *bin* nicht eifersüchtig, *bin*
nicht auf dem Weg, durchs Schlüsselloch zu gucken), gibt es
hier weiter nichts als einen objektiven Prozeß einer Anordnung von Mitteln im Hinblick auf ein Ziel, ein Schlüsselloch
zum Hindurchschauen, ein Schauspiel *zu* sehen.

Jetzt habe ich Schritte im Vorsaal gehört: man sieht mich. Was soll
das heißen? Das soll heißen, daß ich in meinem Sein plötzlich von
etwas betroffen werde und daß in meinen Strukturen wesentliche
Veränderungen auftreten — Veränderungen, die ich erfassen und
durch das reflexive *cogito* begrifflich festlegen kann.

Der Sinn der subjektiven Reaktionen Scham, Furcht, Stolz

Um die Verweisung meiner auf mich selbst geht es in diesem
berühmten Beispiel. Plötzlich sieht das Ich, das eben noch
ganz von seiner Handlung absorbiert war, sich beobachtet. Es
ist sich selbst gegenwärtig. Aber diese Erfahrung ist nicht eine
Selbstvergewisserung in der Reflexion, sondern »ich bin hier
und existiere als Ich für mein unreflektiertes Bewußtsein« [39].
Ich erfahre mich im Blick als Gegenstand in der Welt, nicht als
Gegenstand der Reflexion. Das unreflektierte, also Gegen-
stands-Bewußtsein ergreift das Ich nicht direkt, sondern vermittels des Anderen und als Objekt des Anderen. Das heißt
aber auch, daß ich Bewußtsein von mir habe, insoweit ich mir
entgehe; ich weiß nicht, was der Andere sieht, empfindet,
denkt. »Die Scham oder der Stolz enthüllen mir den Blick des
Anderen und mich selbst am Ziele dieses Blickes, sie bewir-
ken, daß ich die Situation eines Erblickten *erlebe*, nicht *erkenne*«. Ich *bin* also in dieser Situation Ich, aber eines, das ich
nicht erkenne: »Ich bin, jenseits aller Erkenntnis, die ich haben kann, jenes Ich, das ein Anderer erkennt. Und dieses Ich,
das ich bin, bin ich in einer Welt, die der Andere mir entfrem-

det hat«. Das Erleben der Scham ist zwar einerseits das unreflektierte, »anschauliche« Bewußtsein des Ich: das bin ich; aber andererseits die Erfahrung, daß es der Andere ist, der mich zum Objekt hat, und ich deshalb dieses Objekt, das ich bin, gerade nicht erkenne. Und da ich Ich in einer Welt bin, entgeht mir meine Welt ebenfalls: alle die Zeug-Dinge um mich herum, die ich um mich zentriert habe, zeigen dem Anderen eine Seite, die mir entgeht.

Meine Scham ist ein Geständnis: ich bin dieses Sein, das der Andere erkennt. Und das ist außerordentlich beunruhigend. Denn hier wird die Substanz meines eigenen Seins von der unberechenbaren Freiheit des Anderen bestimmt. »Es genügt, daß der Andere mich ansieht, damit ich bin, was ich bin«. Für mich bin ich Bewußtsein (und damit nicht das, was ich bin, und das, was ich nicht bin); für den Anderen *bin* ich. Für ihn habe ich meine Transzendenz abgeworfen, für ihn habe ich eine Außenseite, für ihn bin ich ein Stück Natur: »Mein eigentlicher Sündenfall ist die Existenz des Anderen«, und die Scham ist »die Erfassung meiner selbst als Natur, wenn auch diese Natur mir entgeht«. Es ist zwar nicht so, daß ich »das Gefühl hätte, meine Freiheit einzubüßen und eine *Sache* zu werden«; aber der Andere entfremdet mir meine eigenen Möglichkeiten, die meine Freiheit ausmachen, indem er sie einschränkt, berechnet, indem er meine Transzendenz transzendiert. Für ihn und durch ihn *bin* ich irgendeiner in seiner Welt. Er überschreitet meine Möglichkeiten auf seine eigenen hin, er belauert mich. Der Andere ist der heimliche Tod meiner Möglichkeiten: »Meine Möglichkeit, mich in dem Winkel zu verstecken, wird zu dem, was der Andere auf seine Möglichkeit hinüberschreiten kann, mich zu entlarven, zu identifizieren, festzunehmen. Für den Anderen ist sie, wie alles Zeug, ein Hindernis und zugleich ein Mittel«. Ich erfasse den Anderen aus meiner Sicht heraus — in der Furcht.

Meine Möglichkeiten werden, außerhalb meiner selbst, für den Anderen zu Wahrscheinlichkeiten, meine Freiheit wird in seinen Augen zu einer Eigenschaft, die ich habe und deren Zeuge er ist. Von daher weiß ich auch von meinen Möglichkeiten als Wahrscheinlichkeiten. Ich bin sie, ich nehme sie auf mich, wie der Andere sie sieht, aber ich selbst erkenne sie nicht. Das heißt aber auch, daß plötzlich jede Situation eine Kehrseite bekommt, die mir entgeht. Der Andere gestaltet die Welt um mich herum, er gibt ihr einen Sinn, von dem ich nichts weiß. Die Welt wird undurchschaubar, ich selbst werde zu einem objektiven Bestandteil in ihr. Mein Blick verliert seine Macht, die Anderen zu Objekten zu machen, wenn wir, ich und die Anderen, schon selbst Objekte des Blicks eines Dritten, eines Zeugen, sind. Ich werde zu einem »Blick-Objekt inmitten anderer Objekte, einem Zeugkomplex, der mit innerer Zielstrebigkeit begabt ist und sich in einen Zusammenhang von zielgerichteten Mitteln einfügen kann«. Ich werde durch den Blick des Anderen in einen öffentlichen Raum und in eine öffentliche Zeit versetzt. Ich bin nicht mehr »Herr der Situation«.

Als dieses raum-zeitliche Objekt in der Welt biete ich mich den Beurteilungen Anderer dar: »Angesehen werden heißt, sich als unbekanntes Objekt unerkennbarer Beurteilungen erfassen, insbesondere von Wertbeurteilungen«. Indem ich aus Scham oder Stolz diese Urteile als begründet annehme, erkenne ich die Freiheit des Anderen an, für den ich zum Gegebenen gehöre, das er auf seine Möglichkeiten hin überschreitet. »So konstituiert mich das Gesehenwerden als ein wehrloses Wesen für eine Freiheit, die nicht meine Freiheit ist. In diesem Sinn können wir uns, soweit wir Anderen sichtbar werden, als ›Knechte‹ betrachten«. Aber anders als Hegel betont Sartre die Unüberwindbarkeit dieses Knechtschaftsverhältnisses. Es gehört zur dauernden Struktur meines Für-sich-Seins, durch den Anderen in Gefahr zu sein, weil ich in der »Tiefe meines Seins« von der Freiheit eines Anderen abhängig bin, der mich zu einem Mittel für Zwecke machen kann, die ich nicht kenne.

Soweit hat Sartre nichts anderes getan, als den Sinn jener subjektiven Reaktionen unter dem Blick des Anderen zu explizieren, die »die Furcht sind (Gefühl, angesichts der Freiheit Anderer in Gefahr zu sein), der Stolz oder die Scham (Gefühl, am Ende doch das zu sein, was ich bin, aber anderswo, dort, für den Anderen), die Anerkennung meiner Knechtschaft (Gefühl der Entfremdung aller meiner Möglichkeiten)«. Sartre hat dabei immer wieder zwei Seiten dieser Erfahrung betont: erstens, daß ich in diesen Reaktionen nicht erkenne, was ich bin, sondern dies, was ich bin, »blindlings« auf mich nehme; und zweitens, daß die Tatsache, daß ich eine »Außenseite« habe — mein Sein im Gegensatz zu meinem Für-mich-Sein — so etwas wie eine öffentliche Welt ermöglicht, in der ich als dieses von mir nicht entdeckte Element enthalten bin. Deshalb sagt Sartre, daß ich den Blick des Anderen als das Auftauchen einer ek-statischen Seinsbeziehung auffasse. Ich existiere darin »außer mir« — Hegel sagt: »Das Selbstbewußtsein ist außer sich gekommen«. Es ist eine Beziehung zwischen dem Ich als Für-sich-Sein und dem Ich als Für-Andere-Sein: »Unter dem Blick des Anderen *erlebe* ich mich wie erstarrt inmitten der Welt, wie in Gefahr, wie einen, dem nicht zu helfen ist. Aber ich *weiß* weder, *was für einer* ich bin, noch *welches* mein Platz in der Welt ist, noch welche Seite diese Welt, in der ich bin, dem Anderen zuwendet«. Der Unterschied zwischen Erleben und Erkennen korrespondiert dem Unterschied zwischen Fürsich-Sein und Für-Andere-Sein: für mich bin ich, was ich nicht bin, und bin nicht, was ich bin; für Andere bin ich, was ich bin; und alles, was ich von mir weiß oder über mich erkenne, ist das, was ich für Andere bin; was ich erlebe, bin ich nur für mich.

Welchen Sinn hat das Auftauchen des Anderen in seinem und durch seinen Blick?

»Im Phänomen des Blicks ist der Andere grundsätzlich das, was nicht Objekt sein kann«[40]. Von ihm geht es gerade aus, daß ich mir als nicht-entdeckt preisgegeben werde, daß mir die Welt entgeht; er ist der Sinn und die Richtung dieser Entfremdung. Der »unmittelbare Schauder«, der mich befällt, wenn ich mich in einer beschämenden Situation erblickt fühle, zeigt, daß nicht er in *meiner* Welt erscheint, sondern daß ich in einer Welt erblickt werde, in der der Blickende nicht selber Gegenstand ist. »Ich erfahre im Erblicktwerden eine Transzendenz, die nicht die meinige ist«. Der Andere ist das Sein, durch das ich meine Gegenständlichkeit gewinne. Eine Objektivierung meiner selbst ist nur durch die Subjektivität eines Anderen möglich, der seinerseits *qua* Subjekt von mir nicht erkannt werden kann. Durch den Blick erfahre ich den Anderen »konkreterweise als freies und bewußtes Subjekt, welches, indem es sich auf seine eigenen Möglichkeiten hin zeitigt, bewirkt, daß es eine Welt gibt«. Die unvermittelte Gegenwart dieses Anderen bei mir ist die notwendige Bedingung jedes Gedankens, den ich mir über mich selbst zu machen versuche. Und deshalb, eben weil ich von mir selbst nur das wissen kann, was meine Außenseite ist, kann Sartre sagen: »Der Andere ist dieses Ichselbst, von dem nichts mich trennt, absolut nichts, außer seine ferne und vollkommene Freiheit, das heißt aber, jene Undeterminiertheit seiner selbst, die allein er, für und durch sich, zu sein hat«.

Was zeigen diese Analysen, in denen der Andere als Subjekt, als Freiheit, als »Sinn meiner Entfremdung«, als Bedingung meines Seins, als Transzendenz auftaucht? Sie zeigen, daß der Andere mir als »etwas konkret und evident Anwesendes gegeben ist, das ich in keiner Weise von mir ableiten kann und das in keiner Weise in Zweifel gezogen ... werden kann«. Die Gegenwart des Blickes Anderer ist »weder eine Erkenntnis, noch eine Projektion meines Seins noch eine Form von Vereinheitlichung« meiner Erfahrungen: »Sie *ist*, und ich kann sie nicht von mir ableiten«. Der Blick des Anderen kann also nicht »der Sinn meiner Gegenständlichkeit-für-mich« sein; er erhält seine Bedeutung gerade nicht von mir, sondern ist »konkrete und transzendente Bedingung« meiner Gegenständlichkeit, meines Seins. »Wenn ein Anderer mir meinen ›Charakter‹ schildert, ›erkenne‹ ich mich nicht wieder und weiß doch, ›das bin ich‹. Diesen Fremdling, den man mir da vorstellt, nehme ich sofort auf mich, ohne daß er aufhört, ein Fremdling zu sein«. Dieses fremde Ich, das ich bin, ist von mir durch ein unübersteigbares »Nichts« getrennt — durch die fremde Freiheit, die mich mit einer Seite des von mir Nicht-Entdeckten ausstattet. So ist »mein Für-Andere-Sein ein Sturz durch die absolute Leere hindurch auf die Gegenständlichkeit zu«.

Mein Ich als Objekt des Blicks des Anderen, mein »Objekt-Ich«, ist weder Erkenntnis, noch Erkenntnis-einheit, sondern Unbehagen; und der Andere, durch den dieses Ich mir widerfährt, ist Faktum der Gegenwart einer fremden Freiheit. Das »Mir-entrissen-Werden« und das Auftauchen der Freiheit Anderer werden nur zusammen empfunden und erlebt:

Die Tatsache, daß es den Anderen gibt, ist unbestreitbar und trifft mich mitten ins Herz. Ich realisiere sie durch das *Unbehagen;* durch sie bin ich beständig *in Gefahr* in einer Welt, die *diese* Welt ist und die ich dennoch nur ahnen kann; und der Andere erscheint mir nicht wie ein Seiendes, das zunächst konstituiert wird, um mir dann zu begegnen, sondern wie ein Seiendes, das innerhalb eines ursprünglichen Seinsbezuges zu mir auftaucht und dessen Unbezweifelbarkeit und *faktische Notwendigkeit* die meines eigenen Bewußtseins sind.[41]

Dieses Unbehagen kann sich übrigens auch von der rein körperlichen Gegenwart des Anderen loslösen: der Träger des Blicks ist der Subjekt-Andere, nicht der Andere als Objekt, als Körper. Man kann sich auch vor einem abwesenden Anderen schämen.

Wir können jetzt das Wesen des Blicks erfassen: in jedem Blick findet die Erscheinung eines Objekt-Anderen als konkrete und wahrscheinliche Anwesenheit in meinem Erfahrungsfeld statt, und gelegentlich gewisser Haltungen dieses Anderen bestimme ich mich selbst als einen, der von Scham, Angst usw. ergriffen werden muß, bestimme ich mein ›Erblickt-werden‹. Dieses ›Erblickt-werden‹ stellt sich als reine Wahrscheinlichkeit dafür dar, daß ich gegenwärtig jenes konkrete *dies-da* bin — eine Wahrscheinlichkeit, die ihren Sinn und ihr Wesen als wahrscheinliche nur von der grundlegenden Gewißheit herleiten kann, daß der Andere mir immer gegenwärtig ist, und zwar insoweit, als ich immer *für Andere* bin. Die Erfahrung meiner Lebensbedingungen als Mensch, der ich ein Objekt für *alle* anderen lebenden Menschen bin, der ich unter Millionen von Blicken in die Arena gestoßen wurde und mir selbst millionenmal entrinne, diese Erfahrung realisiere ich konkreterweise gelegentlich des Auftauchens eines Objektes in *meinem* Mikrokosmos, und zwar, wenn dieses Objekt mir anzeigt, daß ich wahrscheinlich gegenwärtig als *unterscheidbares dies-da* Gegenstand für ein Bewußtsein bin. Dies Insgesamt des Phänomens nennen wir *Blick*. [42]

Das Sein des Für-Andere-Seins

Das Für-Andere-Sein ist keine ontologische Struktur des Für-sich, wir können es nicht aus dem Für-sich-Sein ableiten; es findet sich einfach, daß das Mensch-sein diese beiden Dimensionen hat, es ist eine »faktische Notwendigkeit«. An anderer Stelle drückt Sartre das so aus: »Man konstituiert den Anderen nicht, man begegnet ihm« [43].

Zunächst verhält sich das Ich zum Anderen genauso ausschließend wie zu einem vorgefundenen Ding, es bestimmt sich selbst als nicht-der-Andere-seiend [44]. Man kann sich das an der Art und Weise veranschaulichen, in der es der Totemismus den einzelnen Mitgliedern einer Gruppe erlaubt, ihre Identität durch das Ausschließen aller anderen zu erlangen; oder am Antisemiten, der sich nur als »Herrenmensch« fühlen kann, weil er sich dem Juden überlegen dünkt. Ohne diesen

Anderen wäre er »mit einem Schlag wieder Hausmeister oder Krämer in einer streng hierarchischen Gesellschaft, wo der Wert, ›echter Franzose‹ zu sein, bedenklich gefallen wäre, weil alle ihn besitzen würden« [45]. Eine solche Selbstunterscheidung von dem Anderen ist eine »innere« Negation, weil sie der Beteiligte selbst vollziehen muß — anders als die äußere Negation, wo ein dritter, ein Zeuge, Unterschiede feststellt. Diese innere Negation ist also ein Sich-Losreißen oder Sich-Freimachen vom Anderen.

Im Verhältnis zweier Blickender ist dieser Prozeß nun aber wechselseitig. Auch der Andere bestimmt sich selbst dadurch, daß er sich von mir losreißt, sich selbst von mir unterscheidet oder sich nicht-ich-zu-sein veranlaßt. Von mir aus gesehen ist der Andere also dasjenige Subjekt, das mich durch seinen Blick zu einem Objekt macht, das er von sich unterscheidet, das nicht-zu-sein er sich veranlaßt. Und mich von dem Anderen zu unterscheiden heißt immer, mich von dem Anderen zu unterscheiden, der sich seinerseits von mir unterscheidet, indem er sich veranlaßt, nicht-ich-zu-sein. Dieser Prozeß der Selbstbestimmung ist eine doppelte Negation: ich negiere mein Negiertwerden — das heißt, ich nehme mein negiertes Ich auf mich. Ich bestimme mich selbst dadurch, daß ich dieses Ich akzeptiere, das der Andere sich zu sein weigert, das der Andere negiert. Konkret heißt das: der Andere hat mich auf ein Bild festgelegt, das er z.B. in einer Situation gewonnen hat, die mich beschämt. In dieser Situation bin ich für ihn der Andere, den er beobachtet und von sich unterscheidet. Ich finde mich also als entfremdet, als Objekt vor. Ich kann mich selbst aber vom Anderen nur dadurch unterscheiden, daß ich selbst jener andere bin, den er von sich unterscheidet. Ich identifiziere mich also mit jenem entfremdeten Ich, das er von sich unterscheidet; ich nehme mein Objekt-Sein-für-Andere auf mich.

Dieses Objekt-Ich ist das Ich, das ich in dem Maße *bin*, in dem es mir entgeht, aber ich würde es als das meinige zurückweisen, wenn es mit

77

mir zu reiner Selbstheit zusammenfallen könnte. So ist mein Für-Andere-Sein, das heißt mein Objekt-Sein, kein von mir abgetrenntes und in einem fremden Bewußtsein wesendes Bild: es ist ein völlig reales Sein, *mein* Sein als Bedingung meiner Selbstheit gegenüber dem Anderen und der Selbstheit des Anderen mir gegenüber. Es ist mein Außenseite-Sein: nicht ein erlittenes Sein, das selbst von außen gekommen wäre, sondern eine als *meine* Außenseite übernommene und anerkannte Außenseite. [46]

So steht das Für-Andere-Sein genau in der Mitte zwischen dem Für-sich und dem An-sich: der Andere *ist nicht* dieses Ich, von dem er eine unmittelbare Erkenntnis hat, und ich *habe nicht die unmittelbare Erkenntnis* von diesem Ich, das ich bin.

Die Übernahme meines entfremdeten Ich ist nun aber auch genau der Punkt des Umschlagens der Beziehung. Indem ich mich auf mich nehme, indem ich mich wiederergreife, erhalte ich das Bewußtsein (von) mir, insofern ich für die Verneinung des Anderen verantwortlich bin. Ich erobere mich zurück, indem ich den Anderen vergegenständliche, zum Objekt mache, indem ich die Möglichkeiten des Anderen in tote Möglichkeiten verwandle. So reagiere ich auf die Furcht, die Entdeckung meines Objekt-Seins gelegentlich der Erscheinung eines anderen Objekts in meinem Wahrnehmungsfeld, indem ich ihn belauere; oder auf die Scham, das Gefühl, mein Sein *draußen* zu haben, dadurch, den als Objekt zu ergreifen, der mich als Objekt ergriffe. Ich degradiere seine Subjektivität zu der Eigenschaft eines Objekts, zur Innenweltlichkeit des Anderen, die mich nichts angeht. So ist der Stolz etwa eine Reaktion auf die Scham, und zwar eine »unwahrhaftige«, indem ich auf den Anderen als Objekt einzuwirken suche, aber auf seine nur aus Freiheit erfolgende Bewunderung hoffe.

Scham, Furcht und Stolz sind also meine ursprünglichen Reaktionsweisen, sie sind weiter nichts als die verschiedenen Arten, in denen ich den Anderen als unerreichbares Subjekt anerkenne, und sie hüllen in sich ein Verstehen meiner Selbstheit ein, das mir zum Anlaß dienen kann und muß, den Anderen als Objekt zu konstituieren. [47]

Diese Dialektik der Anerkennung ist von zentraler Bedeutung für Sartres Theorie des Verstehens. Und es ist deutlich, daß sie der Hegelschen Anerkennungsdialektik verwandt ist:

1. Hegel: Das Selbstbewußtsein ist außer sich gekommen; Sartre: Der Blick entfremdet mich mir.

2. Hegel: Das Selbstbewußtsein muß sein Anderssein aufheben; Sartre: Ich lehne mein abgelehntes Ich ab, ich bestimme mich als Ich-selbst durch Ablehnung des abgelehnten Ich.

3. Hegel: Das doppelsinnige Aufheben seines doppelsinnigen Andersseins ist ebenso eine doppelsinnige Rückkehr in sich selbst; Sartre: In der Übernahme des entfremdeten Ich bestimme ich mich selbst als frei (— und mache den anderen zum Objekt).

Sartre hat der Hegelschen Figur der Anerkennung allerdings eine Deutung gegeben, die in eine ganz andere Richtung führt als die historisch gemeinte Dialektik von Herrschaft und Knechtschaft bei Hegel (der sich auf die Sklaverei der Frühkulturen bezog). Bei Sartre wird hieraus ein ontologisches Verhältnis, das mit der Struktur des Für-sich und Für-Andere überhaupt verknüpft ist. Eine Weiterentwicklung über die Arbeit wie bei Hegel gibt es deshalb auch nicht — die zweite Hälfte des Anerkennungsparadigmas nimmt erst der Sartre der *Kritik der dialektischen Vernunft* auf.

Das Verstehen

In dem Rahmen der Dialektik der Anerkennung sind die Grundzüge einer Theorie des Verstehens vorgezeichnet. Sartre hat immer wieder betont, wie die Freiheit eines Handelnden aus der Perspektive des Anderen gleichsam ihre Farbe ändert; wie sie in eine Eigenschaft eines Charakters übergeht, zur Wahrscheinlichkeit wird. Indem man sich als sich-selbst erfaßt — in der doppelten Negation —, bewirkt man, daß der

Objekt-Andere inmitten der Welt existiert: »Ich erkenne seine Transzendenz an, aber nicht als transzendierende, sondern als transzendierte«[48]. Ich räume also der Freiheit des Anderen einen Platz in meiner Welt ein, eine Enklave, in der er als das Zentrum seiner Welt erscheinen darf – aber eben eine Enklave inmitten meiner Welt. Ich selbst erfahre mich immer als engagiert, in Situation, auf Ziele hin ausgerichtet; und im Rahmen dieses Engagements tritt mir der Andere als jemand entgegen, der auf seine Ziele hin ausgerichtet ist. Aber seine Freiheit erscheint mir anders als meine, nämlich als »Verwurzelung«; ich erfasse ihn als objektive Einheit von Werkzeugen und Hindernissen inmitten einer Welt, die er für sich selbst nicht denken kann, da er sie erlebt; da er seine Möglichkeiten *ist*, aber nicht erkennt[49].

Insoweit ich ihn aber als Objekt erfasse, springt mir folgendes weltmäßige Bild in die Augen: der Andere wird das Hilfsmittel, das durch seinen Bezug zu allen anderen Hilfsmitteln definiert wird, er ist eine Anordnung *meiner* Werkzeuge, die in der Ordnung, die ich diesen Werkzeugen aufzwinge, eingeschlossen ist: den Anderen erfassen heißt, diese Ordnungs-Enklave erfassen und sie zu einer zentralen Abwesenheit oder »Innenweltlichkeit« in Bezug setzen; heißt, diese Abwesenheit definieren als erstarrtes Ausfließen der Objekte *meiner* Welt in Richtung auf ein bestimmtes Objekt *meines* Mikrokosmos.

Den Anderen als Objekt zu erfassen, heißt zunächst, ihn als Mittel unter anderen Mitteln zu sehen: aber als eines mit der besonderen Eigenschaft, selbst Mittelbenutzer zu sein. Die Dinge kehren ihm dieselbe Seite zu wie mir, nämlich ihren Sinn, ihre Zweckmäßigkeit für ihn zu haben und zu zeigen. Dadurch entsteht eine Art Abwesenheit der Dinge für mich, sie sind mir entzogen. Sie sind für ein anderes Bewußtsein.

Und der Sinn dieses Ausfließens wird mir von diesen Objekten selbst geliefert: die Anordnung des Hammers und der Nägel, des Meißels und des Marmors, insofern ich diese Anordnung überschreite, ohne ihre Grundlage zu sein, dies ist es, was den Sinn jener innerweltlichen Blutung bestimmt.

Man mag hier an die Werkstatt eines Bildhauers denken: alle Werkzeuge liegen für ihn, für seine Tätigkeit bereit. Ich erkenne sie als für diese Tätigkeit sinnvoll. Als *für ihn* sinnvoll erscheinen sie in *meinem* Wahrnehmungsfeld.

So verkündet mir die Welt den Anderen in seiner Ganzheit und als Ganzheit. Wohl bleibt diese Ankündigung doppelsinnig. Aber nur darum, weil ich die Geordnetheit der Welt auf den Anderen hin als undifferenzierte Ganzheit erfasse, auf deren Grund aber einige explizite Strukturen erscheinen. Wenn ich alle Zeugkomplexe insoweit explizit machen könnte, als sie dem Anderen zugekehrt sind, daß heißt, wenn ich nicht nur die Stelle in diesem Zeugkomplex erfassen könnte, die von Hammer und Nägeln eingenommen wird, sondern auch die Straße, die Stadt, das Volk usw., dann hätte ich das Sein des Anderen als Objekt explizit und vollständig definiert.

Die Situation, in der sich der Andere befindet, ist die Gesamtheit der Beziehungen, die für ihn Bedeutung haben. Je mehr ich von dem aufdecke, was für ihn die Objektivität ausmacht, umso mehr begreife ich von ihm selbst.

Wenn ich mich über eine Absicht des Anderen täusche, so keineswegs deshalb, weil ich sein Gebaren auf eine mir unerreichbare Subjektivität beziehe: diese Subjektivität, die an sich und durch sich ist, hat mit diesem Gebaren nichts gemein, denn sie ist Transzendenz für sich, unüberschreitbare Transzendenz. Sondern deshalb, weil ich die ganze Welt um dieses Gebaren herum anders gestalte, als sie sich faktisch gestaltet.

Über die Absichten des Anderen zu reden oder Vermutungen anzustellen usw. heißt nicht, es mit etwas prinzipiell Unerkennbarem zu tun zu haben; es heißt, über sein Verhalten in seiner — und meiner — Welt zu reden, über den objektiven Sinn, den die Dinge seiner Welt im Rahmen seines Entwurfs haben.

So ist mir der Andere schon auf Grund der Tatsache, daß er mir als Objekt erscheint, grundsätzlich als Ganzheit gegeben, er erstreckt sich durch die ganze Welt als eine weltmäßige Kraft zu synthetischer Bildung dieser Welt. Nur kann ich eben diese synthetische Bildung ebensowenig explizit machen, als ich es mit der Welt selbst, soweit sie *meine* Welt ist, machen kann.

Der Andere als Objekt ist mir also immer als Objekt-in-seiner-Welt gegeben, und die Schwierigkeiten, diese seine Welt, seinen Mikrokosmos explizit zu machen, sind prinzipiell nicht größer als die, meine Welt explizit zu machen. Ich kann seine Welt nicht besser verstehen, als ich die Welt, insofern sie meine ist, überhaupt verstehe. (Die deutsche Übersetzung ist hier sehr ungenau.)

Und der Unterschied zwischen dem Subjekt-Anderen, das heißt dem Anderen, so wie er für sich ist, und dem Objekt-Anderen, ist kein Unterschied zwischen dem Ganzen und dem Teil oder zwischen dem Verborgenen und dem Entdeckten: denn der Objekt-Andere ist grundsätzlich ein Ganzes, das mit der subjektiven Ganzheit zusammenexistiert; nichts ist verborgen, und soweit die Objekte auf andere Objekte verweisen, kann ich meine Erkenntnis des Anderen unbegrenzt erweitern, indem ich seine Beziehungen zu anderen Werkzeugen der Welt unbegrenzt expliziere; und das Ideal der *Erkenntnis* Anderer ist immer die erschöpfende Explizitmachung des Sinnes des Ausfließens der Welt.

Keineswegs ist der Objekt-Andere nur ein kleiner — gleichsam der sichtbare — Teil eines ansonsten verborgenen Subjekts. Das Subjekt erscheint in seinen Entwürfen, in seiner Welt, und ist darin vollständig erklärbar.

Der grundsätzliche Unterschied zwischen Objekt-Anderem und Subjekt-Anderem beruht allein darauf, daß der Subjekt-Andere als solcher in keiner Weise erkannt oder auch nur begriffen werden kann: es gibt kein Problem der Erkenntnis des Subjekt-Anderen, und die Gegenstände der Welt verweisen nicht auf seine Subjektivität; sie beziehen sich nur auf seine Objektheit in der Welt als auf den — auf meine Selbstheit hin überschrittenen — Sinn des innerweltlichen Ausfließens.

Dieser Unterschied zwischen dem Anderen als einem unbegreiflichen Subjekt, der transzendierenden Transzendenz, also der Freiheit des Subjekts, das für sich frei ist, und dem Anderen als Objekt, als transzendierter Transzendenz, ist für jede Theorie des Fremdverstehens grundlegend. »Nichts ist verborgen« — der Andere kann von mir verstanden und im Idealfall vollständig erkannt werden, weil es gar nicht um seine unerreichbare Subjektivität geht, sondern um die Weise, wie er die Welt um sich gestaltet. Er wird von seinen Zielen her verstanden — und zwar im Rahmen meiner Ziele. Der Andere kann nicht anders definiert werden als durch eine »ganzheitliche, um ihn herum erfolgende Gestaltung der Welt und dadurch, daß er der Schlüssel zum Verständnis dieser Gestaltung ist. Wenn ich also von der Welt zum Anderen zurückkehre, um ihn zu definieren, so nicht etwa deshalb, weil die Welt mich den Anderen verstehen läßt, sondern weil der Objekt-Andere weiter nichts ist als ein selbständiger und innerweltlicher Beziehungsmittelpunkt *meiner* Welt«[50]. Diesen Gedanken wird Sartre später wieder aufgreifen, wenn er in *Marxismus und Existentialismus* das Verstehen Anderer an die »Untersuchung der verschiedenen Prozesse des Gegenstand-Werdens« knüpft[51].

Sartre macht die in den Untersuchungen über den Blick zutage tretenden Strukturen des Fremdverstehens explizit in seinem Entwurf einer »existentiellen Psychoanalyse« fruchtbar[52]. Man darf dabei nicht übersehen, daß »der Blick« nur eine alltägliche, banale Situation ist, in der wir uns unserer Beziehungen zum Anderen ständig bewußt werden. Diese Beziehungen umfassen selbstverständlich mehr als nur die »abstrakten« Blicke, die uns nicht als körperliche Lebewesen, sondern nur als Erlebende und Erkennende betreffen. Aber in diesen hier entdeckten Beziehungen zwischen mir als Subjekt/Objekt und dem Anderen als Subjekt/Objekt sind schon die konkreten Beziehungen zwischen uns angelegt, die mit uns als leiblichen Wesen zu tun haben. Solche Beziehungen sind die wechselseitigen Versuche, »Herr« über den Anderen zu werden oder sich vom »Knechtsein« zu befreien. Der Konflikt ist der ursprüngliche Sinn des Für-Andere-Seins. Denn der Andere besitzt das Geheimnis dessen, was ich bin. »Er bewirkt, daß ich bin, und besitzt mich gerade dadurch, und jener Besitz ist nichts anderes als das Bewußtsein, mich zu besitzen«[53].

In all diesen konkreten Beziehungen wie Liebe und Haß und Gleichgültigkeit usw. ist jedoch ein Widerspruch vorhanden, der sie letztlich scheitern läßt. Sie bestehen in dem Versuch, auf die Freiheit des Anderen einzuwirken und die Freiheit dabei dennoch bestehen zu lassen. Erst auf dieser Ebene finden das Verhältnis von Lucien zu Maud und Bergère oder die Konstellation von Inès, Estelle und Garcin in *Bei geschlossenen Türen*, ja noch die Beziehungen zwischen den *Eingeschlossenen von Altona*, ihre volle Aufklärung.

An dieser Stelle mag die Erinnerung genügen, daß sich Lucien »in den Augen der anderen« sucht: »Den wahren Lucien, das wußte er jetzt, mußte man in den Augen der anderen suchen, im furchtsamen Gehorsam von Pierrette und Guigard, in der hoffnungsvollen Erwartung all dieser Wesen, die für ihn heranwuchsen und reiften ... «. Aber die Furcht und die Abhängigkeit, in der diese »Knechte« stehen, zeigen, daß die Situation hoffnungslos verzerrt ist. Lucien erfährt sich als »Herr«, als »Chef unter den Franzosen«, mit festen, unwandelbaren »Rechten« — aber er erfährt sich nicht als frei. Er hat »seine« Möglichkeiten aufgegeben zugunsten einer festen Rolle: lange vor seiner Geburt war sein Platz im Leben festgelegt. Lucien wählt ein Leben, in dem er einer Wahl enthoben ist, er wählt die Starre des Felsens.

Urwahl und existentielle Psychoanalyse: das ontologische Verständnis der Freiheit

In ihrem Kern ist, wie wir jetzt zusammenfassend sagen können, Sartres Theorie zentriert um eine Auffassung von der menschlichen Realität als einem Für-sich-Sein, dessen Sein Tätigkeit oder Tun ist. Folglich bildet die Untersuchung des menschlichen Handelns den Zielpunkt aller Überlegungen. Traditionelle Theorien des Handelns — wie etwa die oben angeführte Schopenhauers — pflegen die Handlung, den Akt, in eine Reihe von Momenten zu entfalten, die man etwa so anordnen kann:

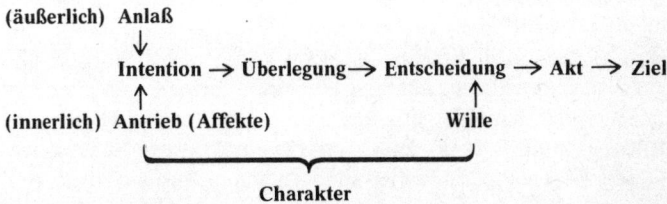

Innerliche Antriebe wie Affekte oder Bedürfnisse und äußerliche Anlässe wirken zusammen auf Überlegungen ein, wie die Handlungsintention am besten zu verwirklichen sei. Die Entscheidung fällt in den vom Charakter her erwartbaren Formen, nachdem der Wille oder Entschluß zu handeln zu den intellektuellen Überlegungen hinzugetreten ist. Daraus resultiert dann notwendig die Handlung, die je nach den äußeren Umständen erfolgreich ist oder nicht, d. h. dem beabsichtigten Ergebnis entspricht oder nicht. Gewiß ist die Reihe im einzelnen veränderbar, das entscheidende Merkmal all dieser Auffassungen ist jedoch gleich: der Komplex Anlaß-Intention-Akt-Ziel wird als eine gleichsam lineare Abfolge von Einzelmomenten angesehen, die einander bedingen oder determinieren. Der Streit zwischen Deterministen und Indeterministen ist deshalb auch so fruchtlos, weil sie im Prinzip an diesem Schema festhalten. Die Deterministen verlegen die ursächliche Bestimmung in die Anlässe und Antriebe, die Indeterministen suchen Handlungen ohne Anlässe und ohne Antriebe. Beide verkennen nach Sartre die grundlegende Struktur der Handlung. Die Indeterministen verkennen, daß eine Handlung, um als solche gelten zu können, intentional sein muß. Ein Ziel ist aber als Ziel nur identifizierbar, wenn es auf einen Anlaß bezogen werden kann. Die Deterministen dagegen übersehen, daß Anlässe und Antriebe erst einmal als solche empfunden werden müssen. Sie sind es nicht an sich, sondern nur für ein Bewußtsein, das sie als Anlässe und Antriebe im Rahmen eines Entwurfs setzt, in dem es sich auf Ziele hin entwirft: das Für-sich ist überhaupt erst das Sein, durch das es eine Welt gibt. Erst in der Wahl seiner selbst tauchen die Anlässe und Antriebe auf, erst der Akt entscheidet über sie.

So ergibt sich eine gänzlich andere Struktur der Handlung. Antrieb-Intention-Akt-Ziel sind ein integriertes Ganzes; sie bilden keine lineare Reihe, sondern einen in sich zurückgehenden Kreis:

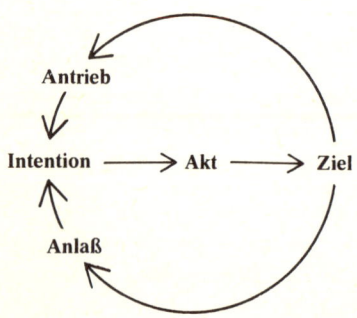

Ich muß mich erst auf ein Ziel hin entworfen haben, um den gegebenen Zustand als mangelhaft, als einen zu ändernden zu empfinden. Erst dann treten Anlässe und Antriebe überhaupt auf. Aber woraufhin ich mich entworfen habe, enthüllt sich mir erst in den Akten selbst. Antrieb, Akt und Ziel sind ein integriertes Ganzes, »der Akt entscheidet über seine Ziele und Antriebe, und der Akt ist der Ausdruck der Freiheit« [54].

Die Umorientierung auf ein nicht-lineares Handlungsmodell verlagert die Frage nach der Freiheit der Handlung auf die Ebene der Erwählung seiner selbst; die Freiheit einer einheitlichen Handlung kann nur im Rahmen dieses ursprünglichen Entwurfs seiner selbst beurteilt werden. Der grundlegende Akt der Freiheit »ist die Wahl meiner selbst in der Welt und gleichzeitig Entdeckung der Welt« [55]. Erst von hier aus gewinnen alle einzelnen oder besonderen Akte ihren Sinn.

Es ist merkwürdig, daß Sartre beinahe dieselbe Formulierung gebraucht wie Schopenhauer, wenn er sagt: »So besitzen wir volles Bewußtsein der Wahl, die wir sind« [56] — und trotzdem das genaue Gegenteil damit zum Ausdruck bringt. Schopenhauer sagte: »Der Mensch tut allezeit nur, was er will und tut es doch notwendig. Das liegt aber daran, daß er schon *ist*, was er will: denn aus dem, was er *ist*, folgt notwendig alles, was er jedesmal tut« [57]. Sartre betont dagegen, daß die Wahl, die wir sind, Ausdruck unserer Freiheit ist. Im allgemeinen bestätigen zwar unsere einzelnen Handlungen unseren Gesamtentwurf. Aber es gibt die Möglichkeit, sogar diesen zu ändern: wir können andere werden, als wir sind. Wir können unseren ursprünglichen Entwurf ändern, in dem Maße, wie wir uns durch unsere Akte über das belehren lassen, was wir gewählt haben. Wir können und wir müssen uns stets von neuem erfinden. Die besondere phänomenologische Methode, diesen Anfangsentwurf deutlich zu machen, nennt Sartre »existentielle Psychoanalyse«. An diese Methode knüpfen die späteren methodologischen Überlegungen in *Marxismus und Existentialismus* an.

4. Marxismus und Existentialismus

In einem Interview, das Sartre 1969 für die englische Zeitschrift *new left review* gab, wurde er nach dem Verhältnis seiner früheren Philosophie zu seinen späteren theoretischen Arbeiten gefragt.

Das entscheidende Problem ist mein Verhältnis zum Marxismus. Ich möchte bestimmte Aspekte meines früheren Werkes autobiographisch erklären und auf diese Weise deutlich machen, warum sich meine Ansichten seit dem Zweiten Weltkrieg so grundlegend geändert haben. Auf eine einfache Formel gebracht, könnte man sagen, das Leben hat mich ›die Macht der Dinge‹ gelehrt. Eigentlich hätte schon mit *Das Sein und das Nichts* die Entdeckung dieser Macht der Dinge beginnen müssen, denn ich war schon damals gegen meinen Willen Soldat geworden. Ich war also schon auf etwas gestoßen, was mich von außen steuerte, etwas, das nichts mit meiner Freiheit zu tun hatte. Ich war sogar in Gefangenschaft geraten — ein Schicksal, dem ich immerhin zu entgehen versucht hatte. So fing ich an, die Realität der Situation des Menschen inmitten der Dinge zu entdecken, die ich das ›In-der-Welt-sein‹ genannt habe.

Dann wurde mir nach und nach klar, daß die Welt noch komplizierter ist, denn während der Résistance schien es noch eine Möglichkeit freier Entscheidung zu geben. Ich glaube, daß meine ersten Theaterstücke für meine damalige Einstellung symptomatisch sind; ich nannte sie ›Theater der Freiheit‹. Als ich unlängst mein Vorwort zu einer Ausgabe dieser Stücke — *Die Fliegen, Bei geschlossenen Türen* und andere — las, war ich geradezu entsetzt. Ich hatte geschrieben: ›Gleich, unter welchen Umständen, in welcher Lage: der Mensch ist stets frei, zu wählen, ob er ein Verräter sein will oder nicht ...‹. Als ich das las, habe ich mir gesagt: ›Unfaßbar, daß ich das wirklich geglaubt habe!‹

Um das verstehen zu können, muß man daran denken, daß es während der Résistance nur ein sehr einfaches Problem gab, das im Grunde nur eine Mutfrage war. Man mußte die Risiken des eigenen

Tuns auf sich nehmen, das heißt damit rechnen, eingesperrt oder deportiert zu werden. Das war alles. Ein Franzose hatte damals keine andere Wahl: Er konnte nur für oder gegen die Deutschen sein. Eigentlich politische Probleme, Entscheidungen ›dafür, aber …‹ oder ›dagegen, aber …‹ gab es damals nicht. So kam ich zu dem Schluß, daß jede Situation eine freie Entscheidung zuläßt. Und das war falsch. Es erwies sich als so falsch, daß ich mich später zu widerlegen versuchte in der Gestalt Heinrichs in *Der Teufel und der liebe Gott*, der ja nicht wählen kann. Er möchte gern wählen, aber er kann nicht: weder die Kirche, die die Armen im Stich gelassen hat, noch die Armen, die sich von der Kirche losgesagt haben. Er ist ausschließlich durch seine Situation bedingt.[1]

Und etwas später sagt Sartre in demselben Interview:

Heute würde ich den Begriff der Freiheit folgendermaßen definieren: Freiheit ist jene kleine Bewegung, die aus einem völlig gesellschaftlich bedingten Wesen einen Menschen macht, der nicht in allem das darstellt, was von seinem Bedingtsein herrührt.[2]

Was sich hier wie eine Revozierung der Grundthese von *Das Sein und das Nichts* anhört, ist tatsächlich nur eine etwas einseitige Erinnerung an das, was den Kern des Freiheitsbegriffs ausmachte: daß einzelne Entscheidungen im Rahmen eines Gesamtentwurfs interpretiert werden müssen. Die Freiheit besteht in der Wahl dessen, was man ist, nicht darin, daß jede einzelne Entscheidung ohne Bedingungen abliefe. Das Entscheidende war ja, daß diese Bedingungen, die Antriebe und Anlässe, im Rahmen eines Entwurfs als solche gedeutet werden müssen — und von dieser Position ist Sartre in seinem späteren Werk keineswegs abgewichen. Selbst die »Macht der Dinge« tauchte in *Das Sein und das Nichts* schon als »der Feindseligkeitskoeffizient der Dinge« auf[3], ganz zu schweigen von den ausführlichen Erörterungen der Faktizität.

Worin besteht aber dann »die grundlegende Änderung«, von der Sartre in dem Interview spricht? Man kann das am besten sehen, wenn man sich Sartres Beschreibung der »existentiellen Psychoanalyse« anschaut[4]:

Sie ist eine Methode, die dazu bestimmt ist, in streng objektiver Form die subjektive Wahl ans Licht zu ziehen, durch die jede Person sich zur Person macht, das heißt sich verkünden läßt, was sie ist. Da das, was die Methode sucht, eine *Seinswahl* und gleichzeitig ein *Sein* ist, muß sie die einzelnen Weisen des Sichverhaltens auf die Grundrelationen zurückführen, die sich in jenen Weisen des Sichverhaltens ausdrücken, und zwar nicht auf die Grundrelation einer Sexualität oder eines Willens zur Macht, sondern auf die *eines Seins*. Sie wird also von Anfang an auf ein Seinsverständnis hingeleitet und darf sich kein anderes Ziel bestimmen, als das Sein zu finden und die Seinsart des Seienden gegenüber diesem Sein. Bevor sie dieses Ziel erreicht hat, darf sie nicht haltmachen.

Die »menschliche Realität« besteht eben in der Wahl, etwas zu sein, Chef zu sein, Kellner zu sein, Schriftsteller zu sein. Diese Seinswahl drückt sich in eben dem Leben aus, das jemand führt. Die menschliche Realität ist gerade dadurch bestimmt, daß es ihr »um ihr Sein geht«.

Sie (die existentielle Psychoanalyse) wird von dem Seinsverständnis Gebrauch machen, das den Untersuchenden kennzeichnet, insofern er selbst menschliche Realität ist; und da sie danach trachtet, das Sein der symbolischen Ausdrucksformen des Seienden herauszuschälen, muß sie jedesmal, und zwar auf den Grundlagen eines vergleichenden Studiums der Verhaltensweisen, eine Symbolik neu erfinden, dazu bestimmt, sie zu entziffern. Das Kriterium des Erfolges wird für sie die Anzahl der Tatbestände sein, die ihre Hypothese zu erklären und auf einen Nenner zu bringen erlaubt, wird aber auch die evidente unmittelbare Erkenntnis der Unzurückführbarkeit des erreichten Endgliedes sein. Zu diesem Kriterium kommt in allen Fällen, wo es möglich ist, das entscheidende Zeugnis des Subjektes. Die so erreichten Ergebnisse – das heißt die letzten Zielsetzungen des Individuums – können dann Gegenstand einer Klassifizierung werden, und auf dem Boden einer Vergleichung dieser Ergebnisse können wir allgemeine Betrachtungen anstellen über die menschliche Realität, insofern sie empirische Wahl ihrer eigenen Ziele ist. Die mittels dieser Psychoanalyse untersuchten Verhaltensweisen werden nicht nur die Träume, die Fehlleistungen, die Besessenheit und die Neurosen sein, sondern auch und vor allem die Gedanken des Wachzustandes, die erfolgreichen und passenden Handlungen, der Lebensstil usw. Diese Psychoanalyse hat ihren Freud noch nicht gefunden; höchstens kann man ein Vorgefühl für sie in gewissen, besonders geglückten Biographien finden. Wir hoffen, an anderer Stelle den Versuch machen zu können, zwei Beispiele dafür zu geben: Flaubert und Dostojewskij. Aber hier kommt es für uns gar nicht darauf an, daß die neue Methode existiert: wichtig ist für uns, daß sie möglich ist.

Es fällt sofort auf, wie abstrakt dieses Programm ist. Tatsächlich sind die beiden Biographien, die Sartre auf der Grundlage dieser Methodologie geschrieben hat (über Charles Baudelaire und Jean Genet), »sehr mangelhaft«, wie er selbst einräumt. Über das Genet-Buch sagt er in dem schon zitierten Interview:

Die Untersuchung der Bedingtheit Genets durch seine objektive Geschichte ist ganz offensichtlich unzureichend, völlig unzureichend. Die Grundzüge der Interpretation — daß Genet ein Waisenkind unter Vormundschaft der Sozialfürsorge war, das in eine Bauernfamilie gegeben wurde, nichts besaß usw. — bleiben zwar gültig. Aber das alles geschah außerdem um 1925, also in einem bestimmten Kontext, der in dem Buch völlig fehlt. Die Sozialfürsorge und die Situation eines Findelkindes sind andererseits spezifische gesellschaftliche Phänomene, und Genet ist ein Produkt des 20. Jahrhunderts; aber von alldem wird in dem Buch nichts erwähnt. [5]

Die »grundlegende Änderung« scheint demnach darin zu bestehen, daß Sartre bei dem Versuch, »ein Leben zu erklären«, sich jetzt außer der Methode der »existentiellen Psychoanalyse« auch der des historischen Materialismus bedient. Das Verstehen der konkreten menschlichen Realität ist ohne das Verstehen der Geschichte nicht möglich. Tatsächlich hat Sartre damit nur Ansätze radikalisiert, die sich durchaus schon in *Das Sein und das Nichts* fanden: u.a. etwa die progressiv-regressive Methode [6], das Klassenbewußtsein [7].

Marxismus und Existentialismus zeigt ganz deutlich: es handelt sich um komplementäre Theorien, die erst zusammen eine befriedigende Methode des Verstehens ermöglichen, weil sie die »subjektive« Seite des Entwurfs und die »objektive« Seite der Bedingungen gleichermaßen berücksichtigen. Zwar spricht Sartre davon, daß der Existentialismus ein »parasitäres« System sei[8], aber im Ergebnis beharrt er darauf, daß das Existenzverständnis »die menschliche Grundlage der marxistischen Anthropologie« sei[9].

Er (der Existentialismus) wird versuchen, die Gegebenheiten des marxistischen Wissens durch indirekte Erkenntnisse ... zu erhellen und im Rahmen des Marxismus eine *verstehende Erkenntnis* hervorzubringen, die den Menschen in der sozialen Welt wiederfinden und ihn bis in seine *Praxis* bzw. den Entwurf, der den Menschen auf Grund einer bestimmten Situation mit dem gesellschaftlich Möglichen konfrontiert, verfolgen wird. ... Von dem Tage an, da der Marxismus sich der Untersuchung der menschlichen Dimension (d.h. der Untersuchung des existentiellen Entwurfs) zuwendet und die Grundlegung des anthropologischen Wissens aufnehmen wird, hat der Existentialismus keine Existenzberechtigung mehr. ... Er hört auf, ein spezieller Forschungszweig zu sein und wird die Grundlage aller Forschung.[10]

Hier wird der komplementäre Charakter beider Theorien deutlich zum Ausdruck gebracht — vor allem in dem seltsamen Widerspruch, daß Sartre den Existentialismus im Marxismus aufgehen und ihn dennoch als Grundlage aller Forschung weiter bestehen lassen will. Die Frage ist, warum bedarf der Marxismus in seiner gegenwärtigen Gestalt (*Marxismus und Existentialismus* erschien 1957) des Existentialismus — und umgekehrt? Sartre sieht im Marxismus die Synthese zweier philosophischer Denkformen: einerseits der Kierkegaards, der auf die Inkommensurabilität von Wirklichkeit (Existenz) und Wissen pocht, andererseits der Hegelschen Philosophie des Geistes. Wieder dient Hegels »Herrschaft-Knechtschaft« als Beispiel:

Was Kierkegaard zu Hegel in Gegensatz bringt, ist der Umstand, daß für Hegel die Tragik eines *Einzel*lebens stets schon überschritten ist. Das Erlebnis erstirbt im Wesen. Hegel spricht vom Knecht und dessen Todesfurcht. Diese Todesfurcht aber, die *leibhaftig empfunden* war, wird bloßes Erkenntnisobjekt und Moment einer überschrittenen Selbstveränderung. In den Augen Kierkegaards verschlägt es wenig, daß Hegel von der ›Freiheit zu sterben‹ spricht bzw. bestimmte Aspekte des Glaubens genauestens beschreibt. Was er dem Hegelianismus vorwirft, das ist die Vernachlässigung der *unaufhebbaren Undurchschaubarkeit* des Erlebnisses.[11]

Marx nun behauptet mit Kierkegaard die Besonderheit der menschlichen Existenz, mit Hegel dagegen versucht er, die objektive Realität der Menschen zu erfassen. Marx macht »den Menschen als Faktum zum Zentralthema der philosophischen Totalisierung; er macht den konkreten Menschen zum Mittelpunkt seiner Untersuchung, den Menschen, der zumal durch seine Bedürfnisse, durch die materiellen Bedingungen seiner Existenz und durch das Wesen seiner Arbeit, das heißt durch seinen Kampf gegen Dinge und Menschen bestimmt ist«[12].

Die dogmatische Erstarrung des Marxismus jedoch läßt ihn gegenwärtig eher als einen »voluntaristischen Idealismus« erscheinen denn als das, was er sein könnte: eine regulative Idee, die erst einmal dazu dienen könnte, eine Methode zu finden und die Wissenschaft vom Menschen aufzubauen. Der gegenwärtige Marxismus verhindert durch seinen Apriorismus die vorurteilslose Prüfung der geschichtlichen Gegebenheiten, etwa die Einwirkung des politischen Überbaus auf die ökonomische Basis oder die Wirkung eines einzelnen Menschen auf den Gang der Ereignisse. Die marxistische Erkenntnistheorie ist idealistisch, weil sie die Seite des Subjekts aus dem Erkenntnisvorgang ausklammert und a priori die Rationalität der Welt behauptet. Sartre skizziert hier, als Antwort auf dieses Defizit, die Umrisse einer »realistischen Gnoseologie«, die die Erkenntnis an die Praxis bindet[13].

Das wahre Potential des Marxismus als Methode historischer Forschung kommt am besten zum Audruck in der berühmten »Einleitung« zu den *Grundrissen der Kritik der politischen Ökonomie*, wo Marx »die Methode der politischen Ökonomie« als einen doppelten Weg schildert: zunächst als einen Weg von der (scheinbar) konkreten, anschaulichen, wirklichen Voraussetzung her; also, »wenn wir ein gegebenes Land politisch-ökonomisch betrachten«, von der Bevölkerung her zu den Elementen, aus denen sie sich bestimmt, also den Klassen, deren Elemente wiederum Lohnarbeit und Kapital sind; diese wiederum unterstellen Austausch, Teilung der Arbeit, Preise usw. Dieser erste, analytische Weg geht also vom scheinbar konkreten, in Wahrheit abstrakten Ganzen aus und dringt zu den einfachsten abstrakten Elementen vor, auf denen das Ganze beruht. Das war auch der Weg der Forschung, wie er sich in den frühen ökonomischen Systemen des 18. Jahrhunderts zeigt.

Der zweite Weg ist der von den abstrakten Elementen her: die wissenschaftlich richtige Methode der Darstellung oder Aneignung der Gegebenheiten gelangt von den abstrakten Elementen zur wahrhaft konkreten, weil begriffenen Totalität. Sartre scheint diese Methode zunächst in der Gestalt, die ihr Henri Lefèbvre gegeben hat, übernehmen zu wollen. Danach müßte sich eine historische Darstellung auf folgende drei Momente stützen:

1. das deskriptive Moment — Beobachtung in einer durch die Erfahrung und eine allgemeine Theorie geleiteten Einstellung;
2. das analytisch-regressive Moment — Zergliederung der Realität, Versuch genauer Datierung;
3. das historisch-genetische Moment — Rückkehr zur nunmehr erhellten, verstandenen und erklärten Gegenwart[14].

Tatsächlich modifiziert Sartre diese Methode jedoch einschneidend. Das Allerkonkreteste, was es überhaupt gibt, sind, dieser Interpretationsrahmen erst einmal vorausgesetzt, die Menschen, ihre Objektivationen, ihre Arbeiten, ihre Beziehungen. Der dogmatische Marxismus ist jedoch nicht fähig, den Einzelnen anders denn als Audruck oder Symbol der Gesellschaftsstruktur zu begreifen, er wird, als Einzelner, zu einer Zufälligkeit. Damit verschwindet die einzelne Realität *dieses* Menschen zugunsten einer abstrakt ideologischen Bestimmtheit.

Es besteht kein Zweifel darüber, daß Valéry ein kleinbürgerlicher Intellektueller ist. Aber nicht jeder kleinbürgerliche Intellektuelle ist Valéry. Die heuristische Unzulänglichkeit des heutigen Marxismus ist in diesen beiden Sätzen enthalten. Dem Marxismus fehlt eine Gliederungssystematik der Vermittlungen, um den Prozeß zu erfassen, der die Person und ihr Produkt innerhalb einer Klasse und einer gegebenen Gesellschaft in einem gegebenen historischen Zeitpunkt hervorbringt. [15]

Für den Existentialismus ist dieser Verzicht darauf, den Einzelnen als Einzelnen begreifen zu wollen, ein Abbruch der Denkbemühung:

Er (der Existentialismus) lehnt es ab, das wirkliche Leben den unausdenkbaren Zufällen der Geburt zu überlassen, um über eine Allgemeinheit nachzudenken, die darauf beschränkt ist, sich unendlichfach in sich selbst widerzuspiegeln. Er beabsichtigt, ohne den marxistischen Thesen untreu zu werden, diejenigen Vermittlungen zu finden, die es erlauben, das Konkrete in seiner jeweiligen Besonderheit, das Leben, den wirklichen und ausgestandenen Kampf und die Person aus den *allgemeinen* Widersprüchen zwischen Produktivkräften und Produktionsverhältnissen hervorgehen zu lassen. [16]

Diese Vermittlungen werden durch Psychoanalyse und Soziologie — beide für den orthodoxen Marxismus ein Greuel — aufgeklärt. (Die Soziologie wird dabei aus denselben Gründen kritisiert, aus denen Sartre den Behaviorismus ablehnt: Sie verdinglicht ihren Gegenstand und begreift ihn nicht als »transzendierte Transzendenz«, d. h. als etwas, das man nur von seinem Entwurf her verstehen kann — und zwar im Rahmen eigener Entwürfe. Der Soziologe ist »nicht situiert« [17]. Sartre hat dagegen als Modell der Erkenntnis immer die moderne Physik vor Augen: »Die einzige Erkenntnistheorie, die heutzutage Gültigkeit beanspruchen kann, ist die auf die Einsicht der Mikrophysik gegründete, daß der Experimentator selbst in die Versuchsanordnung einbezogen ist« [18].)

Erst alle diese Wissenschaften zusammen ermöglichen ein Verständnis davon, wie der Einzelne die objektiven Zusammenhänge *erlebt*:

Geprägt von seiner Arbeit und den gesellschaftlichen Produktionsbe-
dingungen, existiert der Mensch als Produkt seines Produkts zugleich
inmitten seiner Produkte und bildet die Substanz der ihn selbst zer-
setzenden ›Kollektive‹; auf jeder Lebensebene erfolgt ein Kurzschluß,
eine horizontale Erfahrung, die dazu beiträgt, ihn auf der Grundlage
seiner materiellen Ausgangsbedingungen zu ändern: das Kind *erlebt
nicht nur* seine Familie, es erlebt auch — teils durch sie, teils selbständig — die kollektive Umwelt; und es ist wiederum die Allgemeinheit seiner Klasse, die sich ihm in dieser besonderen Erfahrung enthüllt. [19]

»Der Mensch als Produkt seines Produkts«: der Mensch ist also Handelnder und Opfer, frei und unfrei zugleich. Das Problem, das sich daraus ergibt, sucht Sartre in Anlehnung an ein
Engels-Zitat zu klären: »Die Menschen machen ihre Geschichte selbst, aber in einem gegebenen, sie bedingenden Mi-
lieu« [20]. Die Tatsache, daß unsere Handlungen durch das Ein-
wirken der Anderen einen anderen Sinn bekommen als wir
beabsichtigen, heißt nicht, daß wir nicht dennoch handelten
(»handeln« bedeutet frei handeln): die Entfremdung kann
wohl das Ergebnis, nicht die Realität der Handlungen verändern. Sartre beharrt auf dem »Entwurf« als grundlegend für
das menschliche Handeln:

Für uns ist der Mensch vor allem durch das Überschreiten einer Situation gekennzeichnet, durch das, was ihm aus dem zu machen gelingt, was man aus ihm gemacht hat, selbst wenn er sich niemals in
seiner Vergegenständlichung erkennt. Dieses Überschreiten findet
sich ganz ursprünglich im Menschlichen und hier wiederum grundlegend im Bedürfnis. ... Selbst das rudimentärste Verhalten muß sich
zugleich mit Bezug auf reale, vorliegende Faktoren, die es bedingen,
und mit Bezug auf ein bestimmtes, zukünftiges Objekt, das es entstehen zu lassen sucht, bestimmen. Das aber nennen wir *Entwurf*. [21]

Stärker als früher jedoch betont Sartre hier die Bedingtheit
der jeweiligen Möglichkeiten:

Das Feld der Möglichkeiten bildet daher das Ziel, woraufhin der
Handelnde seine objektive Situation überschreitet. Und dieses Feld

ist seinerseits höchst abhängig von der gesellschaftlichen und geschichtlichen Realität.[22]

Entscheidend bleibt, daß die Realität »erlebte Realität« sein muß, damit die materiellen Verhältnisse zu Bedingungen der eigentlichen Praxis werden können: »Die gesamte Objektivität bezieht sich letztlich auf eine erlebte Realität. Empfinden heißt ... zur Möglichkeit einer objektiven Umformung übergehen«[23]. Hier, in der Negativität der einzelnen Praxis, wird letztlich Geschichte verständlich.

Man kann den Entwurf durch drei Merkmale bestimmen: zunächst durch den Charakter, der sich in der Kindheit bildet und den eigentlichen Gegenstand der psychoanalytischen Untersuchungen bildet; zweitens durch das Feld der Mittel: um die Besonderheit des historischen Ereignisses richtig zu erfassen, muß das Feld der Mittel, des im Rahmen der jeweiligen Epoche Möglichen, richtig bestimmt werden. Eben hierzu dient die *regressive* Methode, die versucht, das »Differentielle«, die historische Einzigartigkeit der Objekte zu erfassen. Die regressive Methode sucht hier erst einmal Probleme ausfindig zu machen ohne Rücksicht auf die Biographie. Der Mensch ist jedoch ein synthetisches Ganzes: die Beziehungen zwischen Werk, Mensch und Epoche müssen in einem ständigen »Hin-und-her« aufgehellt werden. Und erst jetzt wird durch die *progressive* Methode die Integration dieser verschiedenen Elemente im Entwurf enthüllt: »Dieser Entwurf hat *einen Sinn*, er ist nicht einfach Negativität, Flucht; durch ihn zielt der Mensch auf die Produktion seiner selbst in der Welt als einer bestimmten, objektiven Ganzheit«[24]. Sartre faßt das so zusammen:

Wir definieren die existentialistische Approximationsmethode als eine regressiv-progressive und analytisch-synthetische Methode; sie ist gleichzeitig ein bereicherndes Hin-und-Her zwischen dem Objekt (das die ganze Epoche als systematisch gegliederte Bedeutungsmannigfaltigkeit birgt) und der Epoche (die das Objekt in seiner Totalisierung enthält).[25]

Man sieht, wie weit sich Sartre hier von der Marx-Lefèbvreschen Methode entfernt hat. Zwar geht die regressiv-analytische Methode auf die Bestimmung der Einzelheiten zurück – aber nicht auf die abstrakten Elemente eines sozio-ökonomischen Ganzen, sondern auf die Einzigartigkeit eines Lebens. Das Hin-und-Her bezieht sich auf die wechselseitige Erhellung von Einzelnen und Allgemeinem, und die progressiv-synthetische Methode richtet sich auf den Entwurf des Einzelnen in seiner Welt. Die Ganzheit, die wir begreifen, ist der totalisierte Einzelne, nicht die Ganzheit einer Bevölkerung oder einer Epoche. Geblieben sind gleichsam nur die Zielpunkte: »ursprüngliche Bedingungen« und »objektives Ergebnis«.

Das dritte und letzte Bestimmungsmerkmal ist das Ziel eines solchen Entwurfes. Hier knüpft Sartre wieder an den Begriff der Existenz an im Sinne eines Außer-sich-hin-auf-etwas-Seins, des »Von-sich-losgerissen-Seins«. Man kann die Gegenwart nur im Lichte der Zukunft enthüllen:

Die Ziele der menschlichen Aktivität (sind) keine mysteriösen und der Handlung selbst hinzugefügten Entitäten. ... Sie bilden einfach das Überschreiten und das Durchhalten des Gegebenen in einem Akt, der von der Gegenwart in die Zukunft geht.[26]

Die menschliche Existenz ist im Rahmen dieser Begrifflichkeit von Bedürfnis, Transzendenz und Entwurf verstehbar: der Existentialismus kann die »unaufhebbare Singularität, die dem menschlichen Wagnis eignet, ins Wissen selbst und in die begriffliche Allgemeinheit wieder einführen. So erweist sich das Existenzverständnis als die menschliche Grundlage der marxistischen Anthropologie«[27].

* * *

In den Streitgesprächen, die Sartre zwischen 1972 und 1974 mit Philippe Gavi und Pierre Victor geführt hat *(Der Intellektuelle als Revolutionär)*, wirft Victor Sartre einmal vor: »Was für einige von uns ein Problem ist, ist vielmehr der Umstand, daß du keine Texte von unmittelbarem Nutzen für die aus dem Mai hervorgegangene Bewegung mehr schreiben kannst; statt dessen arbeitest du an deinem Flaubert weiter«. Sartre entgegnet: »Das hängt damit zusammen, daß ich im Laufe der Jahre gewisse Vorstellungen gewonnen habe, die ich nicht so einfach ausdrücken kann. Aber du weißt, daß ich — unabhängig vom ideologischen Interesse — dieses Werk als ein sozialistisches Werk ansehe — in dem Sinne, daß das Buch — wenn es mir gelingt — einen Fortschritt im Verstehen der Menschen in sozialistischer Sicht ermöglichen würde. So gesehen meine ich, daß ich für später, für die sozialistische Gesellschaft arbeite. Ich hoffe, daß es so ist, daß diese Bücher Teil einer langfristigen Arbeit sind, daß sie Bestandteil einer neuen Kultur, einer Volkskultur sein könnten«[28].

Man sieht: die »Leidenschaft, die Menschen zu verstehen«, beherrscht Sartre auch beim Verfassen seines letzten, größten Werkes. Eine genaue Untersuchung der dabei angewendeten Methode des Verstehens würde freilich noch einmal eine erhebliche Veränderung gegenüber den in *Marxismus und Existentialismus* entwickelten Methoden zeigen[29].

* * *

In dieser Einführung ist die Philosophie Sartres vor allem unter dem Aspekt einer Methodologie des »Verstehens« betrachtet worden — es ist durchaus denkbar, daß man andere Akzente setzt. Aber unter dem Aspekt einer Methodologie zeigt Sartres theoretisches Werk vielleicht seine größte Aktualität. Die Diskussion der Frage, ob es eine Naturwissenschaft vom Menschen geben könne oder ob die Sozial- und Geisteswissenschaften einer grundsätzlich anderen Methode bedürfen, ist gegenwärtig den verschiedensten Richtungen der Philosophie gemeinsam. Es kennzeichnet Sartres Rang, daß er methodologische Fragen auf der Ebene abhandelt, auf der sie ihre wahre Bedeutung zeigen: auf der Ebene einer Philosophie der Existenz und der Geschichte[30].

Rupert Neudeck

Jean-Paul Sartres
posthume Unsterblichkeit

Ich möchte diesen kurzen biographischen Essay über den Philosophen und Schriftsteller Jean-Paul Sartre mit einer ganz persönlichen Reminiszenz einleiten. Ich habe ihn zweimal in seinem letzten Lebensjahr einen halben Tag sprechen dürfen; es waren mehr als Interviews[1], bei denen der Partner ungeduldig auf die Uhr blickt. Ich habe ihn dann noch einmal erleben können, als ihn André Glucksmann am 21. Juni 1979 in das Hotel Lutétia führte, als ihn sein Erzgegner und nun Verbündeter Raymond Aron stehend und respektvoll erwartete, sich zu ihm herunterbeugte und sagte: »Bonjour, mon petit camarade«[2]. Sartre saß unter vielen bedeutenden Menschen aus ganz Paris; sie alle waren sich nicht zu schade, gemeinsam für die ertrinkenden Bootsflüchtlinge und ein Schiff einzutreten, das sie retten sollte. Sartre, fast ganz erblindet — er konnte das Kommuniqué nicht mehr lesen, das vor ihm lag —, sagte mit klarer Unbedingtheit: »Wir haben Probleme hier in Frankreich, es gibt die große Arbeitslosigkeit. Aber dies kann kein Argument sein gegen eine Rettungsaktion und Plätze, die wir zur Verfügung stellen sollen und müssen …«.

Er war die Liebenswürdigkeit in Person, ganz so, wie man sich das von seinen Vorbildern wünscht: daß sie nicht nur das Straßenschild sind, sondern auch der Weg und die Straße. Er war es, in seiner bezwingenden Einfachheit — bis zum Lebensende gönnte er sich kein Haus, kein eigenes Heim, kein Reich mit Garten und Weinkeller, er war zeitlebens der in Hotelzimmern oder Appartements abhängig wohnende Bürger der Stadt, die er einst für die schönste der Welt hielt. »Je ne le pense plus«, sagte er mir beim letzten Gespräch und zeigte zum Fenster: gegenüber dem Wohnblock am Boulevard Edgar Quinet, Nr. 29, ragten wolkenkratzerähnliche Banken und Versicherungsungetüme in den blauen Pariser Himmel, sie wirkten wie Usurpatoren einer heimeligen Schönheit unter- und oberhalb der Dächer von Paris, so daß man ahnte: Der alte Mann hat recht, Paris ist schon lange nicht mehr die schönste Stadt der Welt (aber welche wäre es dann?).

Jean-Paul Sartre, am 21. Juni 1905 in Paris geboren, war schon sehr gealtert, als ich ihn besuchte. Er hatte, wie schon erwähnt, die volle Sehkraft verloren. Unvergeßlich bleibt für mich ein Erlebnis: Es hat geschellt, der Concierge ist da, er übergibt dem weltberühmten Philosophen und Schriftsteller ein kleines Buchpaket. Sartre in seiner gegenüber niemandem abgestuften Liebenswürdigkeit für einige Sekunden mit dem Concierge — dieses Bild werde ich nie vergessen. »L'homme passe infiniment l'homme«[3], jeder Mensch überschreitet immer wieder die Grenzen dessen, was das ist: Mensch. Sartre machte das Buchpaket auf, konnte den Titel nicht lesen, ich mußte ihm die Großbuchstaben entziffern, jemandem, der sein Leben zwischen *lire* und *écrire*, zwischen Lesen und Schreiben, zugebracht hatte.

Man kann auch sagen, er wurde zeitlebens von diesen beiden Tätigkeiten gelebt. Mit *Lire* und *Ecrire* sind die beiden Teile der Kindheitsbiographie überschrieben, die wiederum den bezeichnenden Titel *Les mots* trägt: »Die Wörter«. Selten hat jemand sich selbst so schonungslos offenbart, analysiert, preisgegeben wie jener Autor der Biographie eines Kindes.

Der Zufall hatte mich Mensch werden lassen, die Hochherzigkeit würde mich zum Buch machen; ich würde mein Schwatzen, mein Bewußtsein in Bronzelettern umgießen, ich würde das Lärmen meines Lebens zu Inschriften transformieren, die nicht vergehen, ich würde mein Fleisch in Stil verwandeln, die schwammigen Zeitspiralen in Ewigkeit, ich würde vor dem Heiligen Geist als Niederschlag der

Sprache erscheinen, würde mich mit Hartnäckigkeit der Menschengattung aufdrängen; ich würde endlich anders werden, anders als ich, anders als die anderen, anders als alles. Zuerst würde ich mir einen unzerstörbaren Leib geben, und dann würde ich mich den Verbrauchern überliefern. Ich würde nicht schreiben aus Freude am Schreiben, sondern um diesen unsterblichen Teil in Wörter zu verwandeln.[4]

Der »Heilige Geist« — das muß man als Erläuterung uns säkularisierten Zeitgenossen und Lesern doch sagen — taucht hier nicht als Witz, auch nicht als Karikatur auf, sondern als heimliches Erbstück des katholisch erzogenen Jean-Paul Sartre. Da meldet sich jemand zu Wort, der traurig, aber auch sehr bewußt seiner Mitwelt sagt: Er sei auf dem »Humus des Katholizismus« großgeworden und werde diesen Humus und sein So-geworden-Sein gerade dann nicht verleugnen, wenn er sich als Atheist definiert und versteht. Seine Quellen liegen in der christlichen Religion, der Herkunft nach sind beide Konfessionen involviert: Er, Poulou (wie er sich als Kind nennen ließ), wuchs zwischen den katholischen Sartres und den protestantischen Schweitzers auf, deren einer, Albert Schweitzer, zuvor auf eine ganz andere, vielleicht von Jean-Paul Sartre zeitlebens tief bewunderte und beneidete Art den Ursprüngen und Quellen des Christentums gerecht zu werden versuchte. Sartre hat zeit seines Lebens und Œuvres dieses christliche Erbteil nie ganz beiseite schieben können. Die ur-augustinische, später lutherische Frage: »Wie bekomme ich einen gerechten Gott?«, schon modern modifiziert in: »Wie bekomme ich ein gerechtes Leben, so daß ich vor mir und einer anderen Instanz bestehen kann?«, hat diesen Jean-Paul Sartre nie mehr losgelassen. Noch ein Zitat aus *Die Wörter*:

Wieder bin ich, wie damals mit sieben Jahren, der Reisende ohne Fahrkarte: der Schaffner ist in mein Abteil gekommen und schaut mich an, weniger streng als einst. Er möchte am liebsten wieder hinausgehen, damit ich meine Reise in Frieden beenden kann; ich soll ihm nur eine annehmbare Entschuldigung sagen, ganz gleich welche, dann ist er zufrieden. Unglücklicherweise finde ich keine und habe auch übrigens keine Lust, eine zu suchen. So bleiben wir miteinander im Abteil, voller Unbehagen, bis zur Station Dijon, wo mich, wie ich genau weiß, niemand erwartet.[5]

Der Mystiker, zu dem sich Sartre als kleiner Poulou kokett berufen fühlte, schließt ab mit diesem Kapitel, nicht ohne Seitenhiebe auszuteilen:

Ich brauchte Gott, man gab ihn mir, ich empfing ihn, ohne zu begreifen, daß ich ihn suchte. Da er in meinem Herzen keine Wurzeln schlug, vegetierte er einige Zeit in mir und starb dann. Spricht man mir heute von Ihm, so sage ich amüsiert und ohne Bedauern wie ein altgewordener Frauenjäger, der eine ehemals schöne Frau trifft: ›Vor fünfzig Jahren hätte ohne das Mißverständnis, ohne jenen Irrtum, ohne den Zufall, der uns auseinanderbrachte, etwas zwischen uns sein können‹.[6]

In Elsaß-Lothringen groß geworden, in Paris zur Eliteschule *Ecole Normale Supérieure* gegangen, bekam Sartre nach seinem Philosophie-Studium und einer ersten Anstellung in Le Havre ein Sabbatical Year in Berlin, am dortigen *Institut Français*. Er übernahm die »bourse«, die Stelle und den Platz von Raymond Aron, der das Jahr vorher dort gewesen war. Wie unpolitisch Sartre damals war, läßt sich daraus ersehen, daß man ihn sehr intensiv befragen mußte, um über seinen Aufenthalt während der Machtübernahme der Nazis 1933/1934 in Berlin etwas herauszubekommen. Über seine erste Lektüre-Begegnung mit Edmund Husserl sagte er mir:

Ich habe in diesem Jahr die *Ideen* von Edmund Husserl gelesen. Ich konnte damals genug deutsch, um das Buch zu lesen, aber ich hatte große Schwierigkeiten. … Husserl hatte mich gepackt, ich sah alles durch die Perspektiven seiner Philosophie, die mir übrigens auf Grund seines anscheinenden Cartesianismus zugänglicher war (als Heidegger). Ich war Husserlianer und sollte es lange bleiben. Gleichzeitig hatte mich die Anstrengung zu verstehen, d. h. meine persönlichen Vorurteile zu durchbrechen und die Ideen Husserls nach seinen eigenen Prinzipien und nicht nach meinen zu erfassen, für dieses Jahr philosophisch erschöpft. Ich habe mit Heidegger begonnen und 50 Seiten gelesen, aber sein schwieriges Vokabular stieß mich ab.[7]

Die Aneignung des Denkens von Martin Heidegger geschah erst viel später, als Sartre 1940 sehr unfreiwillig zum zweitenmal nach Deutschland kam, als Kriegsgefangener in das Stalag XII in der Nähe von Trier. Er war in dieser Zeit, die ihm für seine Sozialisation viel bedeuten sollte, mit Jesuiten zusammmen, die ihm einiges von ihrer Beschäftigung mit Heidegger vermittelten. Es kursierte ein Exemplar von *Sein und Zeit* im Lager, und er nutzte eine erste Übersetzung von Heideggers *Was ist Metaphysik?* Zehn Jahre zuvor, als er die gleiche Schrift im Original lesen wollte, war er gescheitert — nicht zuletzt an der Schwierigkeit, die Sprache Heideggers zu verstehen, eine Sprache, die auch für uns Deutsche schwer, düster, raunend-dunkel war und ist.

Die unverwechselbare Botschaft in der Politik und Philosophie Sartres ist für den Leser und Liebhaber Sartres schon aus den Romanen der Zeit im Gefangenenlager herauszuhören. Wir wissen über seine Erfahrungen im Lager und die letzte Kriegs- und die unmittelbare Nachkriegszeit jetzt mehr durch die Publikation der Tagebücher *(Carnets)*[8] und des Briefwechsels mit Simone de Beauvoir *(Lettres au Castor)*[9]. Der anti-autoritäre Impuls, in Frankreich aus einer reichen libertären und anarchistischen Tradition herkommend, der Anti-Etatismus, gemischt mit der vehementen Ablehnung jeglicher Hierarchie, blitzt schon in den Tagen der Gefangenschaft auf:

Paul, ein Kamerad im Militärdienst, verkörpert die Autorität. In gewissem Sinne schämt er sich, Vorgesetzter zu sein, doch andererseits versucht er, seine Autorität auf tausend hinterhältige Arten auszuüben, nicht aus Lust am Kommandieren, sondern aus Angst vor der Verantwortung, die ihm zufällt. Aber ich leiste Widerstand, weil es mir ein Greuel ist, herumkommandiert zu werden; man braucht mir nur einen Befehl zu geben. Und schon sträube ich mich, und dieser Unabhängigkeitsdrang führt dazu, daß ich dem in Pauls Liebenswürdigkeiten versteckten Befehl auf die Spur komme. Desto unwilliger, je verpackter er ist. Natürlich weigere ich mich, ihn zu befolgen.[10]

Dieser anti-autoritäre Stachel, dieser ur-demokratische Impuls, daß die Menschen Herren ihrer eigenen Angelegenheiten sein sollten, blieb in Sartre bis an sein Lebensende so lebendig, daß er sich durch kein noch so neunmalklug daherkommendes realpolitisches oder funktionalistisches Argument davon abbringen lassen wollte. Jeder Mensch hat seine Würde darin, daß er dazu angelegt ist, ein freier Mensch zu sein und zu werden. Jeder Mensch »soll in überhaupt keiner Weise von einer Macht regiert werden, die nicht von ihm kommt«. Das ist das Pathos einer Freiheitsphilosophie, die ihresgleichen in der europäischen Zeitgeschichte nicht kennt. Darin ist erst Sartre der wirkliche Anti-Hegel; für ihn sollen die Menschen, oder »les citoyens«, nicht mehr − wie es dem »Deutschen Denken« (Camus) gemäß ist − aus Einsicht in diverse Notwendigkeiten stillhalten, Schwenk-Marsch machen oder gemeinsam ein Lied gröhlen und dem Führer folgen wollen. Das alles lehnt Sartre mit der äußersten Unerbittlichkeit ab:

Die Demokratie, so wie man sie heute kennt, bedeutet, daß die Macht von einer sehr kleinen Gruppe über die überwältigende Mehrheit der Menschen ausgeübt wird. Diese Demokratie ist also eine Form, die Menschen zu brechen, wie schon das Königtum und die Aristokratie. Den Menschen wird eine bestimmte Lebens- und Existenzweise aufgezwungen, sie müssen so oder so sein, und das unter Strafandrohung. Man ist verpflichtet das zu tun, was die Institutionen fordern. Die Institutionen sind aber immer die Erfindung einer bestimmten kleinen Gruppe von Spezialisten, von einer oder von zwei parlamentarischen Kammern.[11]

Für Sartre steht fest: Solange es diese Institutionen gibt, die dem Menschen nicht Macht lassen über sich selbst, bleibt die Gesellschaft ein Zwangsverband, herrschen Minderheiten über die Mehrheit. Deshalb formuliert der alt gewordene, aber kein Jota seiner Forderungen zurücknehmende Sartre 1979:

Wenn also eine Gesellschaft sich auf die wirkliche Freiheit des Menschen stützen will, kann sie sich nicht im Rahmen des Staates, im

Rahmen der bürgerlichen Demokratie — wie sie sich konstituiert hat — organisieren, die Freiheitsbeschränkungen vorsieht, weil Gesetze respektiert werden müssen. Die Menschen müssen sich in Gruppen an ihrem Arbeitsplatz oder ihren Wohnorten zusammentun; sie müssen sich einig werden über eine bestimmte Anzahl von Praktiken, die andere Gruppen der Gesellschaft gleichermaßen akzeptieren können. Diese Abstimmungsergebnisse sind keine Gesetze, sondern die Bestimmungen, die freie Menschen ihrem Handeln geben. Dabei gibt es keine kleine Gruppe, die diese Aktionen überwacht, damit man konform zu den Institutionen handelt, wie es heute die Praxis ist. In Wahrheit gibt es dann keine Regierung mehr, sondern nur noch Entscheidungen, die aus den einzelnen Gruppen kommen und die Gruppe respektieren.[12]

Sartre konnte sich nie mit der Minimal-Demokratie begnügen, mit der Repräsentation von Wahl- oder Geldeliten, die dem Volk ein bißchen Zucker geben, damit es alle vier Jahre das Gefühl hat, es sei mitbeteiligt. Das parlamentarische System hat für Sartre den Geburtsfehler oder die Erbsünde als Makel, daß es schon wieder verschiedene Klassen schafft, auch die Beteiligung der Bürger auf dosierte Formen der Wahl, der Stimmzettel, des Handaufhebens reduziert. Diese Reduktion des Citoyen auf den Staatsbürger hat Sartre nie billigen wollen, weshalb er auch meist bei Wahlen sich nicht beteiligte.

Der Vorschlag, den er zu machen hatte: Demokratie der lokalen Verantwortung, der Gruppen im professionellen oder Wohnbereich, die in Dauerkommunikation und Kontakt zusammen sind und immer gemeinsam verantwortlich beraten. Das eben sei eine andere Methode »als die, nach der jemand in eine parlamentarische Kammer entsandt ist, wohin man Menschen schickt, die vor einer Versammlung schöne Reden halten — und einen Plan erläutern können, der nicht direkt dem Willen dieser Gruppe entsprungen ist; der von Spezialisten ausgeheckt worden ist und den anderen nur vorgestellt wird, damit sie ihn billigen«. Das ist alles Original-Ton Sartre, den ich umso lieber in dieser Publikation ausführlich zitieren will, als die anarcho-syndikalistische und libertäre Tradition der Franzosen in unserem Alteuropa, zumal in der preußischen Tradition des deutschen Reiches, also auch in der Bundesrepublik, restlos verloren gegangen ist. Terroristen-Banden wie die »Rote Armee Fraktion« vom Schlage Baader-Meinhofs oder der »Action directe« oder der »Roten Brigaden« haben ein übriges getan, um diesen Anarchismus so zu diskreditieren, daß beim Kaffeekränzchen wie auf der Spielwiese der Bonner Politik oder im Oberseminar der Universität schon die Erwähnung des ehrwürdigen Begriffs »Anarchismus« zu einem hektisch-hysterischen Aufschrei führen wird. Dabei täte uns eine Blutzufuhr »Anarchismus«, also Herrschaftslosigkeit, so gut in einer Zeit, in der Herrschaft und Durchorganisation, das totale Funktionieren in Zusammenhängen neuer technokratischer Dominanz an der Tagesordnung sind.

Unter dem Einfluß von Karl Marx hatte Jean-Paul Sartre die Realität der Entfremdung kennengelernt. Die soziale Realität und die politischen Machtverhältnisse, aber auch lebensgeschichtliche Faktoren wie die eigene Herkunft entfremden den Menschen, *ohne* ihn zu *determinieren*, ohne ihn vorherbestimmen zu können. In dieser allerwichtigsten Abweichung von der — wie Sartre sagt — »Grundphilosophie unserer Zeit«, dem Marxismus, zeigt sich die Pranke der unverwechselbaren und ganz originalen Freiheitsphilosophie des Jean-Paul Sartre: Der Mensch ist das, was er aus dem macht, was aus ihm gemacht worden ist. Zwar kann er nicht überspringen, was aus ihm gemacht worden ist — manchmal wird es dem Halbnomaden in der Sahelzone, dem Fellachen in Nordafrika, dem Reisbauern in Cochinchina unendlich schwer gemacht, das Joch eines Kolonialregimes lastet unerträglich auf ihm. Doch niemals gibt es die totale Ausweglosigkeit oder Schicksalhaftigkeit. Dazu hat Jean-Paul Sartre alle Zeitgenossen und Nachgeborenen immer wieder ermuntert. »Niemals waren wir freier als unter der deutschen Okkupation«, hat er im *Combat* anläßlich der wirklichen Befreiung von Paris geschrieben[13]. Das war so wahr wie es damals falsch scheinen mußte. Gerade in Zeiten der totalen Repression werden die Kräfte der Freiheit, das heißt in dieser Situation der »résistance«, des Widerstands, der Verweigerung wach. Nie wird der Mensch sich seiner Freiheit, seiner unverwechselbaren Würde stärker bewußt sein können denn in Zeiten der Versklavung. Es gibt nicht das Alibi des »Doch die Verhältnisse, sie sind nicht so«.

Wenn es überhaupt ein Wort gegeben hat, das Sartre gehaßt hat, dann war es dieses: »le chef«, der Chef. Die soziale Realität war (und ist) von Chefs prädominiert: die Familienstruktur vom Chef-Vater; die Gemeinschaft der christlich Gläubigen vom Chef-Papst; die Gemeinschaft der islamischen Gläubigen vom Chef-Ayatollah; die Studien-Klasse vom Chef-Primus; das Wähler-Stimmvolk vom Chef-Präsidenten... Überall in der Welt, meint Sartre, sind wir von diesen Auswirkungen der Chef-Verblödung umgeben. Er versuchte auf seine Art, sich daraus zu befreien, um auch selbst ein Vorbild oder zumindest kein Widerspruch zu dem zu sein, was er verkündete, schreibend, philosophierend, im Roman, auf dem Theaterboden, in Leitartikeln. Er ging keine Ehe ein, weil das »Vater-Band« in dieser real-existierenden Welt notwendig »ein Chef-Band« hätte werden müssen, weil dieses bürgerlich und kirchlich sanktionierte Band auf den Chef-Ehemann hin angelegt ist — auch wenn er und Simone de Beauvoir alles anders gemacht und gewollt hätten. Allein die symbolisch und juristisch kodifizierte Struktur dieser Institution forderte die beiden zum Widerstand heraus. Die Welt der Kolonisierten, der Primitiven, der Habenichtse, der Neger, der Schmuddelkinder aus der unterentwickelten Welt, der Vietnamesen und der Algerier war von der Herrschsucht und der Arroganz der Chef-Völker Europas beherrscht. So schrieb Jean-Paul Sartre 1961 zu dem flammenden Manifest Frantz Fanons *Die Verdammten dieser Erde* in einem nicht minder flammenden Vorwort[14]:

Zunächst müssen wir ein unerwartetes Schauspiel über uns ergehen lassen: das Striptease unseres Humanismus. Da steht er also ganz nackt da, kein schöner Anblick. Er war nur eine verlogene Ideologie, die ausgeklügelte Rechtfertigung der Plünderung. Seine Empfindsamkeit und seine Preziosität waren ein Alibi für unsere Aggressionen. Sie sehen gut aus, unsere Gewaltlosen: weder Opfer noch Henker. Kommt mir bloß nicht damit! Wenn ihr keine Opfer seid, wenn die Regierung, für die ihr gestimmt habt, wenn die Armee, in der eure jungen Brüder gedient haben, ohne Hemmungen oder Gewissensbisse einen ›Völkermord‹ unternommen haben, dann seid ihr unzweifelhaft Henker. ... Ein Mensch, das heißt bei uns: ein Komplize, weil wir *alle* von der kolonialen Ausbeutung profitiert haben. ... Und was tut Europa? ... Dieses Geschwätz von Freiheit, Gleichheit, Brüderlichkeit, Liebe, Ehre, Vaterland, was weiß ich. Das hinderte uns nicht daran, gleichzeitig rassistische Reden zu halten: dreckiger Neger, dreckiger Jude, dreckiger Araber. ... Ob aus Irrtum oder schlechtem Gewissen, nichts ist bei uns konsequenter als rassistischer Humanismus, weil der Europäer nur dadurch sich zum Menschen hat machen können, daß er Sklaven und Monstren hervorbrachte.[15]

Positive Bilder, Visionen dessen, wie sich Sartre freie Menschen, freiheitliche Lebensräume vorstellt, gibt es nicht viele, aber es gibt sie. Sartre war felsenfest davon überzeugt, daß man die Freiheit nur praktizieren müsse, um ihrer Realisierung teilhaftig zu werden. Also nicht Utopie, sondern Realität an konkretem Ort zur konkreten Zeit. Eine der wenigen literarischen Stellen, in denen eine solche Situation vorweggenommen wird, ist die Schlußsequenz des Roman-Essays *La nausée*: Menschen machen sich gegenseitig frei und glücklich, ohne daß sie dazu mehr tun müssen als sich anzuerkennen. Ein Franzose denkt an eine schwarze Amerikanerin in den USA, die einen Blues singt, der voller Sehnsucht und Wahrheit ist: »Some of these days / I'll miss You honey...«. Ein Jude sitzt da, der dieses Lied komponiert hat, der nicht geahnt hat, was das Lied bei diesem Franzosen auslösen könnte.

Ich möchte ein paar Auskünfte über ihn. Ich meine, es wird ihm nichts ausmachen, wenn man ihm sagt, daß da jemand ist, in der siebtgrößten Stadt Frankreichs, in der Nähe des Bahnhofs —, der an ihn denkt. Ich aber wäre glücklich, wenn ich an seiner Stelle wäre.

Ich stehe auf, zögere, ich möchte noch die Negerin singen hören, ein letztes Mal. Sie singt. Wenigstens diese beiden sind gerettet: der Jude und die Negerin. Vielleicht hatten sie sich schon restlos verloren geglaubt, ertrunken in der Existenz. Aber niemand könnte an mich denken, so wie ich an sie denke, mit soviel zärtlicher Hingabe. Niemand, auch Anny nicht. Sie sind für mich ein wenig so wie Romanhelden: sie haben sich gereinigt von der Sünde zu existieren, nicht völlig, wohlverstanden — aber doch soweit ein Mensch dazu imstande ist. Der Gedanke wirft mich mit einem Schlage um, denn soviel hatte ich nicht mehr zu hoffen gewagt. Ich fühle, daß mich etwas scheu streift, ich wage nicht mich zu rühren, denn ich habe Angst, es könnte entschwinden — etwas, das ich nicht mehr kannte: eine Art Freude.[16]

Kann man — das war die lebenslange, zunächst nur ontologische, später eben extrem politisch-soziale Frage Sartres —, kann man die eigene Existenz und die eines anderen rechtfertigen? Am Schluß von *La nausée* — von Sartre noch vor der politischen Wende oder Kehre geschrieben — ist angedeutet, wie das gelingen kann: durch die gegenseitige Annahme, die Übernahme der Sorgen des anderen, durch Respekt.

Dieses lebenslange Unterfangen der Rechtfertigung der eigenen Existenz hat Sartre am Ende seines großen, zu Teilen in der Trierer Gefangenschaft geschriebenen phänomenologisch-ontologischen Werkes *Das Sein und das Nichts* eine »passion inutile« genannt[17]. Doch war diese »nutzlose Leidenschaft« Sartres von nie endenwollender Aktivität zugunsten von Menschen erfüllt, zumal von Menschen, die im Zustand der Erniedrigung, der erzwungenen Passivität, der Versklavung, der Unterdrückung, der Demütigung allüberall auf der Welt sich befanden und befinden. Überall, wo er ahnte und wußte — aber es reichte ihm manchmal, daß er es ahnen konnte —, daß Menschen »victims«, Opfer und Objekte fremder Herrschaft und Gewalt, Folter und Zwang wurden, ließ ihn das nicht ruhen. Überall. Denn er wußte ja, daß Menschen als reine Opfer nicht das werden können, zu dem sie sich selbst bestimmen können. Deshalb wetzte er in solchen Fällen immer sofort die Feder, schrieb mit heißem Atem und oft »im Galopp«, ließ seinen Impulsen freien Lauf, wurde dabei ungerecht, ungenau, friedlos — immer wollte er für Opfer etwas herausholen, wie oft und wie schwer er sich z. B. in politischen Analysen auch irren sollte.

Bis hin zu jenem Andreas Baader, dem er den wahrscheinlich spektakulärsten Besuch abstattete, den je ein Philosoph einem Gefangenen gemacht hat. Am 4. November 1974 begab sich Sartre in Begleitung des Anwalts Klaus Croissant nach Stuttgart-Stammheim, war nach einer Stunde wieder aus dem Gefängnis und begann am selben Tag noch die allergrößten Presseerklärungen abzugeben. Über diesen Besuch bei Andreas Baader und die Erklärungen, die Sartre damals abgegeben hat, ist pharisäerhaft raisonniert worden. Wir wollen diese Episode (mehr war es nicht) hier erwähnen, weil deutsche Leser sie sonst vermissen würden. Aber wir wollen sie nicht auflösen. Sartre war immer der Meinung: Selbst bei dem allergeringsten Verdacht, daß Menschen ungerecht oder unmenschlich behandelt werden, daß Stimmungen und Konstellationen sich aufbauen, in denen so etwas wie eine Hexenjagd beginnt, muß man auch um der Gefahr der eigenen Leichtfertigkeit und sogar des Irrtums schreien.

Sartre hatte sich damals geirrt, man hatte ihn nicht richtig informiert, er hatte sich nicht richtig informieren lassen. Aber — so hat Alfred Grosser, deutscher Emigrant, vor den Schergen des Hitler-Deutschland geflohen, uns mahnend nach jenem 4. November gesagt — wir Deutschen sind die letzten, die dem französischen Schriftsteller und Philosophen beckmesserisch kommen sollten. Seine einzigartige Bedeutung beruht gerade darauf, daß er weder in seiner alltäglichen noch in seiner politischen Praxis jemals einen Kompromiß, schon gar keinen faulen, gemacht oder bei irgendwelchen Alibis Zuflucht gesucht hat.

Sartre irrte sich manchmal in der Analyse der aktuellen Politik — aber er vergaß nicht den Grundsachverhalt, auf dem unsere ungerecht eingerichtete Welt aufgebaut ist: »Es ist noch nicht lange her, da zählte die Erde zwei Milliarden Einwohner, das heißt 500 Millionen Menschen und eine Milliarde 500 Millionen Eingeborene«. Sartre konnte die Gewalt, die gegen den größten Teil der Menschheit ausgeübt wird, nicht aus der Welt verschwinden machen. Aber er hat nie aufgehört, mit allen Mitteln, derer die menschliche Sprache fähig ist, und unter Aufgabe der ganzen Vornehmheit eines humanistisch gebildeten Betriebes gegen Gewalt und Unterdrückung zu kämpfen.

Seht doch endlich folgendes ein. Wenn die Gewalt heute abend begonnen hätte, wenn es auf der Erde niemals Ausbeutung und Unterdrückung gegeben hätte, dann könnte die demonstrative Gewaltlosigkeit vielleicht den Streit besänftigen. Aber wenn das ganze System bis in eure gewaltlosen Gedanken hinein von dieser tausendjährigen Unterdrückung bedingt ist, dann dient eure Passivität nur dazu, euch auf die Seite der Unterdrücker zu treiben.[18]

So war Sartre, so lebte er, so schrieb er, so agierte er, ohne seine Weltberühmtheit festzuhalten oder auch nur einen Pfifferling darum zu geben. Er war ein Mensch, der wie kaum ein anderer, dem ich begegnet bin, sich nicht betrügen konnte. Von Freunden weiß ich, daß Sartre immerzu Geld für andere ausgab — und nicht zu sehr prüfte, ob jemand die Bedürftigkeit erreicht hatte, die ihm das Recht gab, Geld zu bekommen. Denn es gibt eine Großzügigkeit, die sich schon wieder durch das Bestehen darauf, die richtige und unbezweifelbare Großzügigkeit zu sein, verwässert und aufs gleiche herauskommt wie die staatliche Gerechtigkeit, die grausam sein kann. Sartre hat sehr viele Menschen monatlich in ihrer Existenz versorgt, ohne irgendetwas davon sichtbar oder hörbar werden zu lassen. Er verwirklichte das, was er in einem Weihnachtsstück aus dem Kriegsgefangenenlager nannte: nicht die Flügel zeigen. Engel sein und nicht die Flügel zeigen.

Das ist das Wesentliche: eine Aktivität wiederfinden, die zugleich eine Aktivität für die anderen und für uns selbst ist. Dazwischen gibt es keinen wirklichen Unterschied: man verwirklicht sich selbst am besten, indem man für die anderen arbeitet.[19]

Anhang

Anmerkungen

Einleitung

1 Die am Ende von *Das Sein und das Nichts* angekündigten Überlegungen zur Ethik: »Cahiers pour une morale«; der zweite, unvollendete Band der *Kritik der dialektischen Vernunft*: »L'intelligibilité de l'histoire«; der vierte Band des Romanzyklus' *Wege der Freiheit*: »Die letzte Chance«; die »Lettres au Castor« (d. i. Simone de Beauvoir); die Tintoretto-Essays und das Drehbuch zu seinem Freud-Film

2 Das Spiel ist aus, Reinbek 1952 (= rororo 59), S. 122

3 Vgl. G. Schiwy, Der französische Strukturalismus, Hamburg 1984, S. 93

4 Vgl. Was kann Literatur, Reinbek 1979 (= rororo 4381), S. 63

5 Vgl. H. Jacoby, Alfred Adlers Individualpsychologie und dialektische Charakterkunde, Frankfurt/M. 1983, S. 11

6 Vgl. Was kann Literatur, a.a.O., S. 165

1. Sartres Themen

1 Die Kindheit eines Chefs, Reinbek 1985 (= rororo 5517), S. 125

2 Ebenda, S. 151

3 Ebenda, S. 153

4 Ebenda, S. 161

5 Vgl. ebenda, S. 179: »Maurice Barrès (1862-1923), Blut-und-Boden-Schriftsteller, Wortführer eines militanten Nationalismus«

6 Ebenda, S. 163

7 Ebenda, S. 176 f

8 Betrachtungen zur Judenfrage. In: Drei Essays, Frankfurt/M. 1960 (= Ullstein-Bücher 304), S. 114 f

9 Ebenda, S. 117

10 Ebenda, S. 118

11 Ebenda, S. 119

12 Vgl. ebenda

13 Ebenda, S. 125

14 Ebenda, S. 127

15 Ebenda, S. 132

16 Ebenda, S. 134 f

17 Vgl. z. B. R. R. Loewenstein, Psychoanalyse des Antisemitismus, Frankfurt/M. 1967 (begonnen in Frankreich 1940 unter deutscher Besatzung); H. Arendt, Elemente und Ursprünge totaler Herrschaft, Frankfurt/M. 1975, Bd. 1: Antisemitismus

2. Annäherung an »Das Sein und das Nichts«

1 Vgl.: »Ich ging im Walde so für mich hin« — sich absondernd, sich von den anderen unterscheidend usw.; »an sich« — ohne Verhältnis zu anderem

2 G. W. F. Hegel, Phänomenologie des Geistes (1807), Frankfurt/M. 1970 (= Suhrkamp Theorie Werkausgabe), S. 145

3 Vgl. Das Sein und das Nichts (SuN), Reinbek 1962 (2. Aufl.), S. 91, 113, 316 ff, 735 u. ö.; Materialismus und Revolution. In: Drei Essays, a. a. O., S. 89 ff; Kritik der dialektischen Vernunft, Reinbek 1967, S. 168; vgl. auch: Was kann Literatur, a. a. O., S. 164

4 Hegel, Phänomenologie, a. a. O., S. 146

5 Ebenda

6 Ebenda

7 Das geschieht erst in Kap. VI der *Phänomenologie*, im Abschnitt über »die schöne Seele«

8 Hegel, Phänomenologie, a. a. O., S. 149

9 Ebenda, S. 157

10 Ebenda, S. 158

11 Ebenda, S. 164 f

12 SuN, S. 145

3. »Das Sein und das Nichts«

1 Vgl. Die Transzendenz des Ego, Reinbek 1982. Es zeigt sich hier eine überraschende Nähe Sartres zu dem »logischen Behaviorismus« von G. Ryle, Der Begriff des Geistes, Stuttgart 1969 (= RUB 8331), Kap. 6

2 SuN, S. 29

3 Ebenda

4 Ebenda, S. 28

5 A. Schopenhauer, Preisschrift über die Freiheit des Willens (1839). In: Sämtliche Werke, hg. von W. Frh. v. Löhneysen, Darmstadt 1977, Bd. III, S. 521

6 Ebenda, S. 623

7 SuN, S. 64

8 Ebenda, S. 68

9 Ebenda, S. 70

10 Vgl. ebenda, S. 613: »Überdies muß man, entgegen dem gesunden Menschenverstand, feststellen, daß die Wendung ›frei sein‹ nicht bedeutet ›erreichen, was man gewollt hat‹, sondern ›sich dazu bestimmen, durch sich selbst zu wollen (d. h. zu wählen im weiteren Sinne)‹. ... Der fachphilosophische Begriff von Freiheit, den wir hier allein in Betracht ziehen, bedeutet nur: Autonomie des Wählens.«

11 Ebenda, S. 71

12 Die folgenden fünf Zitate bilden bei Sartre eine zusammenhängende Passage: SuN, S. 72f

13 Ebenda, S. 74

14 Ebenda, S. 75

15 Ebenda, S. 77

16 Ebenda, S. 78

17 Ebenda

18 Ebenda, S. 83

19 Ebenda

20 Vgl. BGB § 990

21 Die folgenden drei Zitate bilden bei Sartre eine zusammenhängende Passage: SuN, S. 101f

22 Ebenda, S. 106

23 Vgl. ebenda, S. 784; wie diese Umkehr aussehen könnte,

deutet Sartre in seinen kurzen Bemerkungen über das Spiel wenigstens an, vgl. S. 729 ff

24 Vgl. ebenda, S. 529

25 Ebenda, S. 106

26 Ebenda, S. 131

27 Ebenda, S. 147

28 Ebenda, S. 145

29 Ebenda, S. 770

30 Vgl. S. de Beauvoir, Für eine Moral der Doppelsinnigkeit. In: Soll man de Sade verbrennen?, Reinbek 1983 (= rororo 5174), S. 83: »Das bedeutet, daß der Mensch in seinem vergeblichen Bemühen, Gott zu sein, sich als Mensch existieren macht, und wenn er sich mit dieser Existenz begnügt, stimmt er ganz und gar mit sich überein. Er darf nicht existieren, ohne dieses Sein anzustreben, das er niemals sein wird, aber er kann dieses Streben mit dem damit verbundenen Scheitern wollen.«

31 Vgl. SuN, S. 189, 560

32 Vgl. ebenda, S. 137

33 Vgl. ebenda, S. 143: »Die menschliche Wirklichkeit ist ihr eigener Überstieg zu dem, wessen sie ermangelt; sie überschreitet sich zu dem besonderen Sein, das sie wäre, wenn sie das wäre, was sie ist.«

34 Ebenda, S. 189

35 Es ist wohl nicht allzu weit hergeholt zu vermuten, daß die fundamentale Bedeutung, die Sartre dem Blick zuschreibt, im Zusammenhang mit seiner Sehschwäche steht. Dafür böte die Adlersche Kompensationstheorie die Erklärung.

36 SuN, S. 338

37 Ebenda, S. 339

38 Die folgenden sieben Zitate bilden bei Sartre eine zusammenhängende Passage: SuN, S. 345 f

39 Alle Zitate in diesem Abschnitt (»Der Sinn der subjektiven Reaktionen Scham, Furcht, Stolz«): SuN, S. 347-357

40 Alle Zitate in diesem Abschnitt (»Welchen Sinn hat das Auftreten des Anderen in seinem und durch seinen Blick«) bis Anm. 41: SuN, S. 357-364

41 SuN, S. 365

42 Ebenda, S. 371 f

43 Ebenda, S. 334

44 Vgl. ebenda, S. 240 ff
45 Betrachtungen zur Judenfrage, a. a. O. S. 120
46 SuN, S. 378
47 Ebenda, S. 384
48 Ebenda
49 Die folgenden sieben Zitate bilden bei Sartre eine zusammenhängende Passage: SuN, S. 386 f
50 SuN, S. 388 f
51 Vgl. Marxismus und Existentialismus, Reinbek 1964 (= rde
   196), S. 123: »So ist das Verstehen nichts anderes als mein ei-
   gentliches Leben, d. h. die totalisierende Bewegung, die meinen
   Nächsten, mich selbst und die Umgebung in der synthetischen
   Einheit einer im Vollzug stehenden Objektivierung zusammen-
   faßt.«
52 Vgl. SuN, S. 701 ff; vgl. auch S. 608, 715 ff
53 Ebenda, S. 467
54 Ebenda, S. 557
55 Ebenda, S. 586
56 Ebenda, S. 589
57 Schopenhauer, a. a. O., S. 623

4. Marxismus und Existentialismus

1 Sartre über Sartre, Reinbek 1977 (= rororo 4040), S. 144 f
2 Ebenda, S. 145 f
3 Vgl. SuN, S. 610 u. ö.
4 Ebenda, S. 722 f
5 Sartre über Sartre, a. a. O., S. 153
6 Vgl. SuN, S. 584
7 Vgl. ebenda, S. 536
8 Vgl. Marxismus und Existentialismus, a. a. O., S. 10
9 Ebenda, S. 139
10 Ebenda, S. 143
11 Ebenda, S. 11 f (Anm. 3)
12 Ebenda, S. 15
13 Vgl. ebenda, S. 29 ff (Anm. 18)

14 Vgl. ebenda, S. 44 f; nach: H. Lefèbvre, Perspectives de sociologie rurale, Cahiers de Sociologie, 1953
15 Marxismus und Existentialismus, a. a. O., S. 48
16 Ebenda, S. 49
17 Ebenda, S. 58
18 Ebenda, S. 29 (Anm. 18)
19 Ebenda, S. 66
20 Ebenda, S. 70
21 Ebenda, S. 75
22 Ebenda, S. 76
23 Ebenda, S. 79 f
24 Ebenda, S. 117
25 Ebenda, S. 118 f
26 Ebenda, S. 126
27 Ebenda, S. 139
28 Der Intellektuelle als Revolutionär, Reinbek 1976 (= rororo
   1994), S. 56
29 Was kann Literatur, a. a. O., S. 180
30 Vgl. R. J. Bernstein, Restrukturierung der Gesellschaftstheorie,
   Frankfurt/M. 1979, S. 205 ff

Rupert Neudeck: Jean-Paul Sartres posthume Unsterblichkeit

1 Von mir selbst übersetzte Auszüge aus diesen beiden Interviews
  hat die Zeitschrift *Merkur* in ihrer Ausgabe 12/1979 veröffentlicht: »Jean-Paul Sartre — Man muß für sich selbst und für die
  anderen leben«, S. 1208−1222. Die Interviews sind bisher nicht
  vollständig übersetzt und publiziert.
2 Über diese Begegnung unter dem Blitzlichtgewitter der Fotogra-
  fen zwischen Sartre und Aron ist viel spekuliert worden. Als
  Zeuge des Ereignisses weiß ich, wie spontan es zugegangen war
  und wie wirklich zwischen den beiden Erzfeinden das Eis gebro-
  chen war — schließlich waren sie nur ein Vierteljahr später
  höchstpersönlich in einer Delegation der Organisation »Un ba-
  teau pour le Vietnam« im Elysée bei dem damaligen Staatspräsi-
  denten Valéry Giscard d'Estaing. François Fejtő hat im *Monat*

vom Oktober/November 1979 zu der Begegnung Sartre-Aron geschrieben und ebenfalls spekuliert: »Der Händedruck vom 21. Juni ist von symbolischer Bedeutung. Denn ganz sicher hat Aron recht, wenn er sagt, nicht er habe sich verändert. Der Archipel Gulag unterminierte das monolithische Selbstvertrauen der Linken, und die alten Götter haben ziemlich regelmäßig versagt. ... Und indem er sich stark macht für die Menschenrechte und versucht, das grausame Schicksal der Flüchtlinge aus totalitären Staaten zu lindern, macht Sartre einen Fünf-Minuten-vor-zwölf-Versuch, seine Seele und sein Gewissen zu retten.« Das ist die Fortsetzung des politischen knock-outs mit anderen Mitteln. Als ob es bei dem Aufruf am 21. Juni 1979 in höchster dramatischer Situation, als die Zahl der monatlich ankommenden Bootsmenschen, der — wie Freimut Duve damals formulierte — »Verdammten der Meere«, die Zahl 45.000 überschritt und die Zahl der dabei Ertrinkenden vielleicht ähnlich groß war, den beiden um das Rechthaben gegangen wäre. In dieser Beziehung war Sartre auch intellektuell höchst honorig. Wenn er sich geirrt hatte, dann hatte er sich zu seiner Zeit geirrt, dann ging es aber jetzt darum, diese Menschen zu retten.

3 Ein Aphorismus des französischen Philosophen, Mathematikers und Theologen Blaise Pascal aus den *Pensées*

4 Die Wörter, Reinbek 1963 (= rororo 1000), S. 110

5 Ebenda, S. 144

6 Ebenda, S. 59

7 Auszug aus dem Interview mit Sartre (s. Anm. 1)

8 Les carnets de la drôle de guerre, Paris 1983 (herausgegeben von Sartres Adoptivtochter Arlette El Kaim-Sartre); deutsch: Tagebücher, Reinbek 1984

9 Lettres au Castor et a quelques autres. 2 Bde., Paris 1983 (herausgegeben von Simone de Beauvoir); deutsch: Briefe an Simone de Beauvoir und andere. 2 Bde., Reinbek 1984/85 (= rororo 5424/5570). Die posthume Produktivität Sartres entwickelte sich — ohne sein Zutun! — beängstigend. Man versteht nachträglich die Skrupel, die Sartre selbst immer davon abhielten, Unfertiges, von ihm selbst nicht für fertig Erklärtes zum Druck freizugeben. Wobei der Begriff des »Unfertigen« hier in einem ganz dezisionistischen Sinne genommen ist: Der Autor, das Autor-Subjekt Jean-Paul Sartre hatte darüber endgültig zu verfügen, was zu

Lebzeiten herauskam, unter seinem Namen, als die Literatur oder Philosophie, die er der Nachwelt überliefern wollte. Selbst wenn es in technischem Sinne »fertige« Bücher oder Manuskripte waren, mit einem »richtigen« Anfang und einem »richtigen« Ende, so hat er nicht gezögert, diese Manuskripte nicht zu publizieren. Pierre Victor erzählte mir noch 1979 in Paris davon. Kurz nach seinem Tode wurde dann der gesamte Dachboden Sartres geplündert. Zusätzlich zu den *Lettres* und den *Carnets* kam u. a. noch das *Scénario Freud* heraus: das gesamte Drehbuch, das Sartre seinerzeit für ein Filmprojekt John Hustons über das Leben Freuds mit Montgomery Clift in der Hauptrolle geschrieben hatte (Paris 1984). Posthum erschien auch: »Pourquoi les philosophes?«, Vortrag von 1959, in *Le Debat*, März 1984, S. 29-43.

10 Die Zeit der Reife, Reinbek 1961 (=rororo 454), S. 94

11 Auszug aus dem Interview mit Sartre (s. Anm. 1)

12 Ebenda

13 Sartre schrieb dies im ersten einer Reihe von Artikeln, die er als Reporter, als Augenzeuge der Befreiung von Paris für die von Albert Camus geleitete Widerstandszeitung *Combat* verfaßte. Unter dem Serientitel »Ein Spaziergänger im aufständischen Paris« publizierte der *Combat* am 28. August 1944 den ersten, am 4. September den letzten dieser im Reportagestil — durchwirkt mit zeitkritisch-philosophischen Reflexionen — geschriebenen Artikel. Sie sind in deutscher Übersetzung nachzulesen in: Paris unter der Besatzung. Artikel, Reportagen, Aufsätze 1944-45, Reinbek 1980 (= rororo 4593).

14 Fanons *Les damnés de la terre* erschien in Paris 1961. Sartre schrieb das Vorwort zu diesem Buch im September 1961 — wie man spürt, voll flammender Ungeduld, brennender Wut über die Unterdrückung von Dreiviertel der Weltbevölkerung. Es ist einer der politisch aufwühlendsten Texte, eine typische Gelegenheitsarbeit, ein Genre, vor dem der ganz unfeierliche und unprätentiöse Jean-Paul Sartre niemals zurückgeschreckt wäre.

15 Vorwort zu: F. Fanon, Die Verdammten dieser Erde, Reinbek 1969 (= rororo 1290), S. 21

16 Der Ekel, Reinbek 1963 (= rororo 581), S. 186

17 Der Schluß von *Das Sein und das Nichts* lautet: »Die Leidenschaft ist die Umkehrung der Leidenschaft des Christus, denn

der Mensch richtet sich als Mensch zugrunde, damit Gott ent-
stehe. Aber die Idee Gottes ist widerspruchsvoll, und wir richten
uns umsonst zugrunde; der Mensch ist eine nutzlose Leidenschaft.«

18 Die Verdammten dieser Erde, a. a. O., S. 20
19 Auszug aus dem Interview mit Sartre (s. Anm. 1)

Literaturhinweise

Die deutschen Übersetzungen der Werke Sartres sind fast ausnahmslos im Rowohlt Verlag erschienen; abgesehen von den philosophischen Schriften liegen sie zumeist auch in leicht zugänglichen Taschenbuchausgaben vor.

Erst in jüngster Zeit sind einige Titel in neuer Übersetzung ediert worden. Für 1989 plant der Rowohlt Verlag dies auch für »Das Sein und das Nichts« (die gegenwärtig vorliegende Übersetzung von J. Streller u. a. enthält eine ungewöhnlich große Anzahl von Übersetzungs- und Druckfehlern; sie muß als äußerst unzuverlässig angesehen werden). Die Herausgabe der nachgelassenen philosophischen Schriften in deutscher Übersetzung ist ebenfalls in Vorbereitung. Sie sind in Frankreich bei Gallimard erschienen.

Die bisher vorliegenden Neuauflagen von Werken Sartres enthalten in der Regel im Anhang recht ausführliche Literaturangaben (sowie Daten aus Sartres Leben), so daß sich eine größere Literaturliste an dieser Stelle erübrigt. Daher sind im Folgenden nur ganz wenige Titel aus der unübersehbaren Literatur aufgeführt, die der Verfasser als wohltuend sachlich, verständlich und lehrreich empfunden hat. Wahrscheinlich wird sich jeder Leser Sartres nach der Lektüre eines Bandes wie etwa der von P. A. Schilpp herausgegebenen Übersicht über Sartres Philosophie in der Sekundärliteratur selbst zurechtfinden.

Als umfassende Bibliographie — mit kurzen Inhaltsangaben der wichtigsten Bücher über Sartre sowie der Rezensionen — empfiehlt sich: François H. Lapointe, *Jean-Paul Sartre and his Critics. An International Bibliography (1939-1980).* Annotated and Revised Second Edition, Bowling Green, Ohio 1981 (Philosophy Documentation Center, Bowling Green State University).

Die wichtigsten Quellen für unsere Kenntnis von Sartres Leben sind die Bücher Simone de Beauvoirs: *In den besten Jahren*, Reinbek 1969 (= rororo 1112); *Der Lauf der Dinge*, Reinbek 1970 (= rororo 1250); *Alles in allem*, Reinbek 1976 (= rororo 1976); *Die Zeremonie des Abschieds*, Reinbek 1986 (= rororo 5747).

Wer sich über den gegenwärtigen Stand der Diskussion der Philosophie Sartres informieren will, dem kann man rückhaltlos empfehlen: *The Philosophy of Jean-Paul Sartre*. Ed. by Paul A. Schilpp, La Salle, Illinois 1981 (The Library of Living Philosophers, Vol. XVI), und: *Jean-Paul Sartre. Contemporary Approaches to his Philosophy*. Ed. by Hugh J. Silverman and Frederick A. Elliston, Pittsburgh 1980. Beide Bände enthalten ebenfalls eine sehr gute Literaturübersicht.

Leider gibt es im Deutschen kein vergleichbar gutes Buch über Sartre, in dem ähnlich vorurteilslos, sachlich und kritisch alle wichtigen Aspekte seiner Philosophie diskutiert würden. Überhaupt ist die angelsächsische Literatur zu Sartre der deutschen weit voraus, was die unbefangene und nüchterne Diskussion seiner Philosophie anbelangt. Beispiele dafür sind: Thomas C. Anderson, *The Foundation and Structure of Sartrean Ethics*, Kansas 1979; Richard J. Bernstein, *Praxis and Action*, Philadelphia 1971 (das Kapitel über Sartre ist in der deutschen Ausgabe »Praxis und Handeln«, Frankfurt/M. 1975, leider nicht enthalten); Arthur C. Danto, *Jean-Paul Sartre*, Göttingen 1986 (Danto steht in der sprachanalytischen Tradition und betont vor allem die Gemeinsamkeiten Sartres mit Ansichten sprachanalytisch orientierter Philosophen); David G. Cooper/Ronald D. Laing, *Vernunft und Gewalt*, Frankfurt/M. 1979 (behandelt »Saint Genet«, »Marxismus und Existentialismus« und »Kritik der dialektischen Vernunft«; Beispiel für den Einfluß Sartres auf die Psychiatrie, vgl. R. D. Laing, Das geteilte Selbst, Hamburg 1976); Mary Warnock, *The Philosophy of Sartre*, New York 1965 (gilt als beste Einführung in Sartres Philosophie in englischer Sprache).

Über das Verhältnis Sartres zu anderen Philosophien der Existenz informieren: Helmut Fahrenbach, *Existenzphilosophie und Ethik*, Frankfurt/M. 1970; Wolfgang Janke, *Existenzphilosophie*, Berlin 1982; Bernhard Waldenfels, *Phänomenologie in Frankreich*, Frankfurt/M. 1983

Zu einzelnen Fragen sei hier außerdem noch hingewiesen auf: André Gorz, *Der schwierige Sozialismus*, Frankfurt/M. 1968 (darin bes.: »Sartre oder vom Bewußtsein zur Freiheit. Sartre und der Marxismus«; Gorz ist Schüler Sartres und gilt als sein bester Kommentator in Frankreich); Michael Theunissen, *Der Andere*, Berlin 1965 (enthält eine ausführliche Auseinandersetzung mit Sartres Theorie der Fremdexistenz).

Zeittafel

1905   Jean-Paul Sartre wird am 21. Juni in Paris geboren.

1907   Der Vater stirbt, Sartre wächst fortan bei den Großeltern auf.

1915   Eintritt ins Lycée.

1916   Die Mutter heiratet wieder und nimmt Sartre zu sich nach La Rochelle.

1917-22 Schulzeit an Gymnasien in La Rochelle und (ab 1919) in Paris; Abitur.

1924-29 Studium an der École Normale Supérieure; Agrégation in Philosophie als Jahrgangsbester. Sartre lernt Simone de Beauvoir kennen.

1929-31 Militärdienst an einer Wetterstation in Tours.

1931-39 Lehrer an Gymnasien in Le Havre, Laon und Paris; zwischenzeitig Stipendium im Institut Français in Berlin (1933/34). Sartre veröffentlicht in diesen Jahren u. a. *La transcendence de l'égo* (Die Transzendenz des Ego, 1936), *La nausée* (Der Ekel, 1938) und *Le mur* (Die Mauer, 1939), einen Band mit Erzählungen, in dem auch *L'enfance d'un chef* (Die Kindheit eines Chefs) enthalten ist.

1939-44 Kriegsdienst als Krankenträger; deutsche Kriegsgefangenschaft (Juni 1940 bis April 1941). Sartre entkommt aus dem Lager; er nimmt die Lehrtätigkeit in Paris wieder auf und arbeitet in der Résistance mit. 1943 erscheint *L'être et le néant* (Das Sein und das Nichts).

1945-51 Sartre gibt den Lehrberuf auf und lebt fortan als freier Schriftsteller. Er gründet die Zeitschrift *Les temps modernes* (1945). In den nächsten Jahren veröffentlicht er eine große Anzahl von Büchern, u. a. *Huis clos* (Bei geschlossenen Türen, 1945), *L'existentialisme est un humanisme* (Ist der Existentialismus ein Humanismus?, 1946), *Réflexions sur la question juive* (Betrachtungen zur Judenfrage, 1946), *Baudelaire* (1947), Essays unter dem Titel *Situations* (Situationen I-III, 1947-49), *Le diable et le bon Dieu* (Der Teufel und der liebe Gott, 1951). Er reist viel, u. a. in die USA und nach Afrika.

1952-59 Teilnahme am kommunistischen »Völkerkongreß für den Frieden«, Auseinandersetzung mit Albert Camus (1952). Sartre reist nach China und in die Sowjetunion (1954/55). Er protestiert gegen das sowjetische Eingreifen in Ungarn während des Volksaufstandes 1956 und gegen den französischen Kolonialkrieg in Algerien. *Saint Genet* (1952) und *Question de méthode* (Marxismus und Existentialismus, 1957/58) erscheinen.

1960 Reise nach Kuba, Besuch bei Fidel Castro. Sartre veröffentlicht *Critique de la raison dialectique* (Kritik der dialektischen Vernunft).

1963 Veröffentlichung von *Les mots* (Die Wörter).

1964 Sartre wird der Nobelpreis für Literatur zugesprochen, er lehnt ihn ab. Die *Situations IV-VI* erscheinen; unter dem gleichen Titel folgen bis 1976 noch die Bände VII-X (die *Situations* enthalten überwiegend Aufsätze zur Politik und Kunst).

1967 Sartre beteiligt sich am Russell-Tribunal, das die Kriegsverbrechen der USA in Vietnam verurteilt.

1968-73 Sartre unterstützt die Bewegung vom Mai '68; um die maoistische Zeitung *La cause du peuple* vor dem Verbot zu retten, übernimmt er formell deren Leitung; er spricht vor Versammlungen der Studenten und der Arbeiter, beteiligt sich am Aufbau der linken Tageszeitung *Libération.* Sartres monumentale Flaubert-Biographie *L'idiot de la famille* (Der Idiot der Familie, 1971/73) erscheint. Seine Sehschwäche nimmt in den folgenden Jahren sehr zu und behindert seine Arbeit.

1980 Jean-Paul Sartre stirbt am 15. April in Paris.

Martin Suhr, geb. 1940, Lehrbeauftragter für Philosophie an der Universität Hamburg. Arbeitsgebiete: Geschichte der Dialektik, Pragmatismus. Veröffentlichungen zu Platon, Hegel und Peirce. Übersetzungen.

Bilder aus dem Leben Jean-Paul Sartres

Bildnachweise: S.134/135 Keystone (Hamburg), S.136-141 und Titelbild dpa (Hamburg)

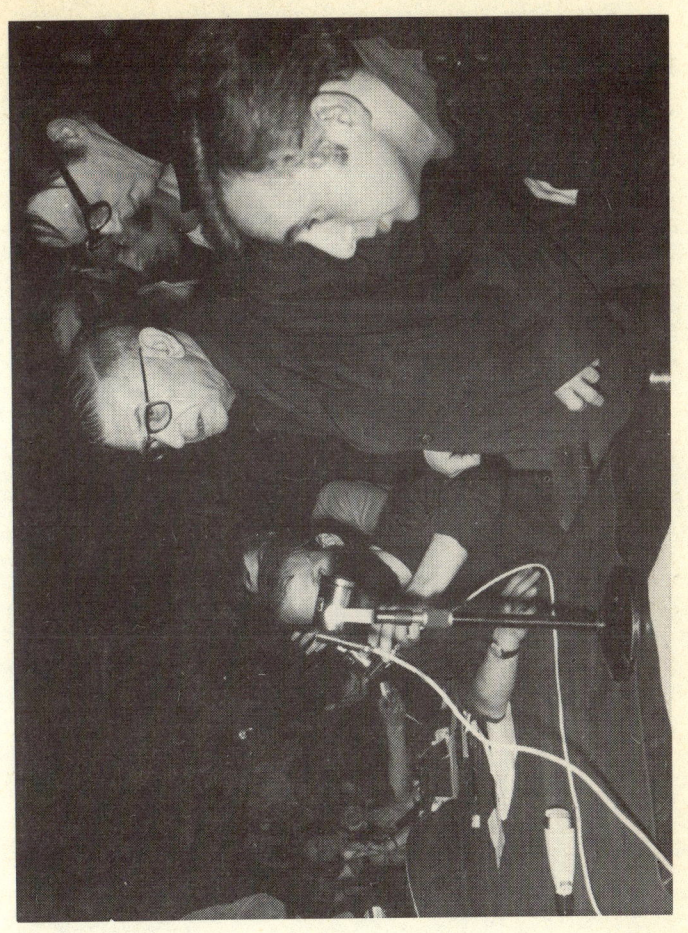

Hans-Martin Lohmann

Freud
zur Einführung

128 S., DM 11,80
ISBN 3-88506-823-0

Freuds Werk hat Anerkennung und Anwendung gefunden vor allem als Theorie und Therapie individueller seelischer Erkrankungen. Dabei wurde zunehmend vergessen, daß die Psychoanalyse im Selbstverständnis ihres Schöpfers in erster Linie eine kritische Theorie der Kultur darstellt, die für das Subjekt und den unterdrückten Triebwunsch Partei ergreift.

»Lohmanns meisterhafte Darstellung der grundlegenden Gedanken Freuds macht neugierig, diese näher kennen zu lernen, Freud ›wiederzulesen‹.« (Paul Parin in *Psychologie heute*)

Helmut Fahrenbach

Brecht
zur Einführung

176 S., DM 15,80
ISBN 3-88506-825-7

Brechts Konzeption einer lebenspraktischen »Philosophie der Straße« als »Lehre vom richtigen Verhalten« bezeichnet das leitende Erkenntnisinteresse auch für sein künstlerisches Werk, insbesondere für die Thematik des episch-dialektischen Theaters.

Helmut Fahrenbach schält in dieser Einführung den Kern des Brechtschen Denkens heraus, indem er zeigt, wie Brecht in seinen theoretischen Schriften die Intention seines »Philosophierens« und dessen Verhältnis zur Theater-Kunst erörtert hat.

Jean-Paul Sartre

«Mit der Hoffnungslosig-
keit beginnt der wahre
Optimismus: der Opti-
mismus dessen, der
nichts erwartet, der weiß,
daß er keinerlei Recht
hat und ihm nichts zu-
kommt, der sich freut,
auf sich allein zu zählen
und allein zum Wohl
aller zu handeln.»

256 Seiten
Gebunden DM 19,80

Dieses Lesebuch ist eine Einführung in das Werk Jean-Paul Sartes.
Es enthält ausgewählte Passagen und vollständige Texte, die die
Vielfalt dieses Schriftstellers und Philosophen zeigen.

Ein ausführlicher Prospekt, der die Sartre-Edition «Gesammelte
Werke in Einzelausgaben» vorstellt und ein Titel- und Sachregister
«Was steht wo» enthält, kann beim Verlag angefordert werden:
Rowohlt Verlag, Postfach 1349, 2057 Reinbek.

Das Gesamtwerk bei Rowohlt